22,50 €

Hannelore Rössel
Sabine Fritzsche

Kommentierte Kopiervorlagen
Physik

Neue Rätsel im Physikunterricht

für die alternative Physikstunde

Mit Beiträgen von
Dr. Jürgen Godau
Renate Gödecke
Dirk Hein

Herausgegeben von Dietrich Pohlmann

AULIS VERLAG DEUBNER & CO KG

Die Deutsche Bibliothek – CIP-Einheitsaufnahme

Neue Rätsel im Physikunterricht : für die alternative Physikstunde / Hannelore Rössel ; Sabine Fritzsche.
Hrsg. von Dietrich Pohlmann. – Köln : Aulis-Verl. Deubner, 2001
(Kommentierte Kopiervorlagen Physik)
ISBN 3-7614-2277-6

Best.-Nr. 5136

Satz, Grafiken und Reproduktion: dtp-design, 36304 Alsfeld
Druck und Verarbeitung: Siebengebirgs-Druck, Bad Honnef
ISBN 3-7614-2277-6

Aus dem Vorwort zum 1. Band

Spiele im Unterricht der Grundschule waren und sind nichts Neues. – Aber wozu Rätsel in weiterführenden Schulen?

Rätsel sind geeignet zur

- Auflockerung des regulären Unterrichts,
- Zusammenfassung eines Themas,
- sinnvollen Nutzung von Vertretungsstunden und „letzter Stunden vor Ferienbeginn".

Wir wissen heute, dass Unterricht ansprechen muss, dass Schülerinnen und Schüler Abwechslung brauchen und „dort abgeholt werden müssen", wo sie sich befinden – und (Hand auf's Herz): Lernt es sich nicht besser, wenn man mit Freude bei der Sache ist?

...

Selbstverständlich bleibt es der Lehrerin bzw. dem Lehrer überlassen, die „Spielregeln" zu setzen. So kann z. B. auch erlaubt werden, die Aufzeichnungen oder/und das Buch oder die Formelsammlung bei der Rätselbearbeitung zu benutzen. Erfahrungsgemäß streut die Bearbeitungszeit sehr stark. Es kann daher von Vorteil sein, wenn für die „Rätselkönige" eine kleine Zusatzaufgabe oder eine interessante Knobelei bereitliegt (oder an der Tafel steht), so dass das Gros der Klasse Zeit hat, selbst zur vollständigen Lösung des jeweiligen Rätsels vorzudringen.

Im Inhaltsverzeichnis haben wir versucht, die einzelnen Rätsel Klassenstufen zuzuordnen. Das konnte nur mit einigen Einschränkungen geschehen, weil die Physik-Lehrpläne der Bundesländer doch sehr stark differieren. Wir bitten daher, bei der Suche nach geeigneten Rätseln auch in der benachbarten Klassenstufe nachzusehen und zu prüfen, ob die Voraussetzungen für einen Einsatz gegeben sind.

...

Die Rätsel wurden extra als Kopier-Vorlagen konzipiert und im DIN A4-Format verlegt – selbstverständlich ist mit dem Erwerb des Buches auch die Kopiererlaubnis für die Klassen des Erwerbers erteilt!

Wir wünschen Freude und Spaß mit den Rätseln!

D. Pohlmann, Elmshorn

Ergänzende Hinweise zu diesem 2. Band

Das große Interesse der Physikkolleginnen und -kollegen am 1. Band unserer **Rätsel im Physikunterricht** hat uns veranlasst, einen Folgeband zu erarbeiten, der vergleichbar angelegt ist und wieder vom Physik-Anfangsunterricht bis in die Sekundarstufe II hinein reicht.

Obwohl der neue Rätselband ein in sich geschlossenes Ganzes darstellt, ist er zugleich auch eine Ergänzung und Abrundung unseres ersten Bandes mit Physikrätseln.

Mit **Neue Rätsel im Physikunterricht** liegen Ihnen nun weitere 45 Beiträge unterschiedlichster Art und Themenstellung vor. Bewährte Rätselformen wurden beibehalten, neue sind hinzugekommen, auch einige Spiele und rätselhafte Geschichten mit physikalischem Inhalt, so dass Ihnen wieder ein abwechslungsreiches Angebot für vielerlei Anlässe zur Verfügung steht.

Zudem enthalten einige Lehrerseiten ausführliche, über die eigentliche Physik hinausgehende Informationen (z. B. graphische Darstellungen und Zahlenangaben), welche das Rätselthema ergänzen, für Schüler der angegebenen Jahrgänge verständlich sind und daher auch als zusätzliche Arbeitsblätter eingesetzt werden können.

Schließlich sei eigens darauf hingewiesen, dass Sie Rätsel mit ähnlicher Thematik nicht immer direkt aufeinander folgend, auch nicht immer in derselben Klassenstufe finden, da die Verwendung eines Rätsels maßgeblich auch von seinem Schwierigkeitsgrad abhängt.

Ich bedanke mich bei den Autorinnen und Autoren für die harmonische und geduldige Zusammenarbeit und hoffe, dass wir wieder einen „Cocktail" zusammengestellt haben, der den verschiedensten Ansprüchen und Vorhaben gerecht werden kann.

Und nun viel Freude beim Lösen der Rätsel!

Elmshorn, im Herbst 2000

Dietrich Pohlmann

Inhalt

Klasse 10:

Sekundarstufe II:

Kürzel der Verfasser:
Fr: Sabine Fritzsche, Reppelin;
Go/Gö: Dr. Jürgen Godau, Halle / Saale & Renate Gödecke, Halle / Saale;
He: Dirk Hein, Freital;
Rö: Hannelore Rössel, Königstein / Taunus.

Aller Anfang ist schwer!
– ein Rätsel zum Physik-Anfangsunterricht (He)

Zunächst müssen alle Begriffe rund um die Physik herausgefunden werden. Jeder Begriff enthält einen markierten Buchstaben. Die so gefundenen Buchstaben ergeben, hintereinander gelesen, das Lösungswort.

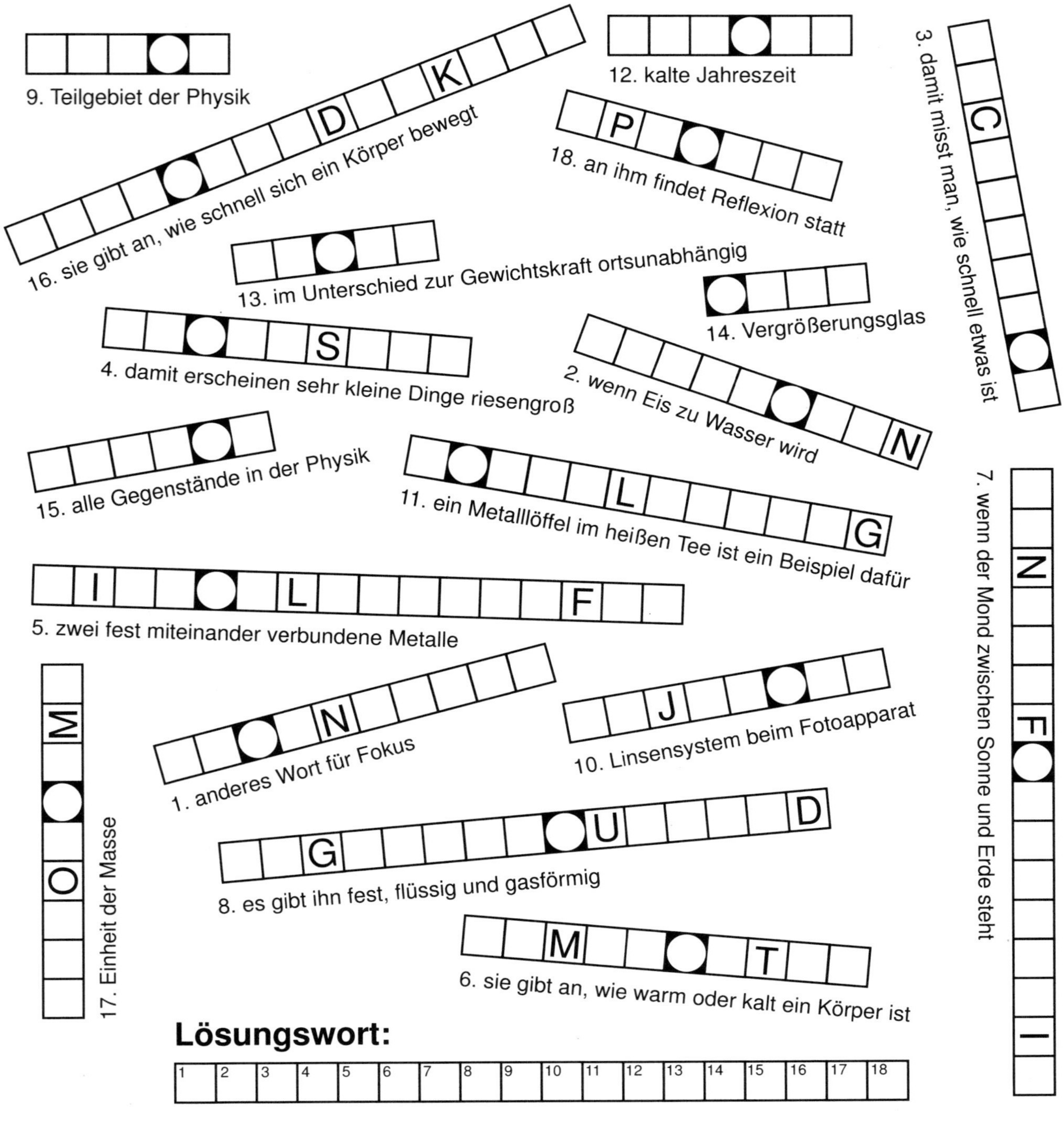

Aus: Neue Rätsel im Physikunterricht, Aulis Verlag Deubner & Co KG, Köln, 2001

Lösung und Ergänzungsvorschläge zum Rätsel 1:

1. Br**e**nnpunkt
2. Schme**l**zen
3. Tachomet**e**r
4. Mi**k**roskop
5. Bime**t**allstreifen
6. Tempe**r**atur
7. Sonnenf**i**nsternis
8. Aggregat**z**ustand
9. Opt**i**k
10. Objek**t**iv
11. W**ä**rmeleitung
12. Win**t**er
13. Ma**s**se
14. **L**upe
15. Körp**e**r
16. Gesc**h**windigkeit
17. Kilog**r**amm
18. Spi**e**gel

Lösungswort: ELEKTRIZITÄTSLEHRE

Didaktische Hinweise:

Dieses Rätsel sollte als Wiederholung des Anfangsunterrichtes eingesetzt werden, denn bis dahin erfolgte in den Teilgebieten Optik, Mechanik und Wärmelehre eine Erarbeitung der gesuchten Begriffe. Da bei dem Rätsel vorgegeben ist, an welcher Stelle die Buchstaben im Lösungswort platziert werden müssen, werden die Schüler das Lösungswort auch herausbekommen, wenn sie nicht alle Begriffe gefunden haben.

Ergänzungsvorschläge:

1. Man kann den Schwierigkeitsgrad des Rätsels erhöhen, indem man die Nummer des Platzes, den der Buchstabe im Lösungswort einnimmt, z. B. mit einem Korrekturstift verdeckt. Dann erhalten die Schüler zunächst 18 Buchstaben, die sie in die richtige Reihenfolge bringen müssen, um so das Lösungswort zu finden.

2. Aus den 18 Buchstaben des Lösungswortes sollen die Schüler neue Begriffe bilden, wobei nur die zur Auswahl stehenden Buchstaben genutzt werden dürfen. Fremdwörter, Eigennamen und Abkürzungen werden nicht zugelassen. Sieger ist, wer in der vorgegebenen Zeit die meisten Begriffe findet.

Beispiele:

Lehrer	Erzieher	Zitter	Zeit
Teer	Teller	Stärke	Keller
Stätte	Zähler	Ritzel	Leere
Kleister	hier	ist	seit
usw.			

Eine schöne Zeit

– ein Kammrätsel zum Anfangsunterricht (He)

Bei den nachfolgenden Begriffen sind die Buchstaben durcheinander geraten. Finde die richtigen Wörter heraus. Die markierten Buchstaben ergeben – von oben nach unten gelesen – das Lösungswort.

1.		GEWEBUNG
2.		TERIL
3.		DUSENKE
4.		ITZE
5.		KEILMETOR
6.		PRÖKER
7.		ESSIGFLÜKIT
8.		MATTERECHO
9.		HOPPSTUR
10.		GARADIMM
11.		KRIBETKEUM
12.		WINGSCHUNG

Lösungswort:

1.	2.	3.	4.	5.	6.	7.	8.	9.	10.	11.	12.

Die Begriffe haben folgende Bedeutung:

1. Ortsveränderung eines Körpers
2. eine Volumeneinheit
3. der 60. Teil einer Minute
4. Maß für die Dauer eines Vorgangs
5. Längeneinheit
6. physikalische Bezeichnung für jeden Gegenstand
7. Wasser zum Beispiel ist eine ...
8. Messgerät für die Geschwindigkeit
9. besonderer Zeitmesser
10. hat eine x- und eine y-Achse
11. Volumeneinheit
12. periodischer Bewegungsvorgang

Aus: Neue Rätsel im Physikunterricht, Aulis Verlag Deubner & Co KG, Köln, 2001

Lösung und Ergänzungsvorschlag zum Rätsel 2:

1. Be**w**egung
2. L**i**ter
3. Seku**n**de
4. Zei**t**
5. Kilom**e**ter
6. Kö**r**per
7. **F**lüssigkeit
8. Tachom**e**ter
9. Stoppuh**r**
10. D**i**agramm
11. Kubikm**e**ter
12. Schwingu**n**g

Lösungswort: WINTERFERIEN

Didaktische Hinweise:
Dieses Rätsel lässt sich im Anfangsunterricht am Ende des Lernbereiches Mechanik einsetzen. Da die Buchstaben bereits in der richtigen Reihenfolge vorgegeben sind, können die Schüler das Lösungswort auch bei nicht vollständiger Lösung herausfinden.

Ergänzungsvorschlag:
Als Festigung kann man zwischen einzelnen Begriffen Beziehungen herstellen und mit den Schülern über diese Zusammenhänge diskutieren.

Beispiele:
1. Welche Formen der **Bewegung** außer der **Schwingung** kennst du noch?
   (geradlinige Bewegung, Kreisbewegung, „Schlängel"bewegung, „Torkeln", ...)
2. Wie viel **Liter** hat ein **Kubikmeter**?
   ($1 \text{ m}^3 = 1000 \text{ l}$)
3. Die Geschwindigkeit eines Fahrzeugs lässt sich außer mit einem **Tachometer** auch mit einer **Stoppuhr** ermitteln. Wie muss man dabei vorgehen?
   (Man misst die Zeit, die das Fahrzeug für eine Strecke bekannter Länge benötigt und dividiert dann die Weglänge durch die gemessene Zeitspanne.)
4. Das Volumen einer **Flüssigkeit** wird oft in der Maßeinheit **Liter** angegeben. Wie bestimmt man z. B. das Volumen eines Steines?
   (1. Möglichkeit (Überlaufmethode): Man nimmt ein Überlaufgefäß und bestimmt anhand der herausgelaufenen Flüssigkeit, wie groß das Volumen des Steines ist.
   2. Möglichkeit (Differenzmethode): Man liest das Volumen einer Flüssigkeit in einem Messzylinder ab. Anschließend wird der Stein in diese Flüssigkeit gegeben. Aus dem höheren „Wasserstand" lässt sich das Volumen des Steines berechnen.)

Spieglein, Spieglein an der Wand …
– ein Kreuzworträtsel zur Optik (Fr)

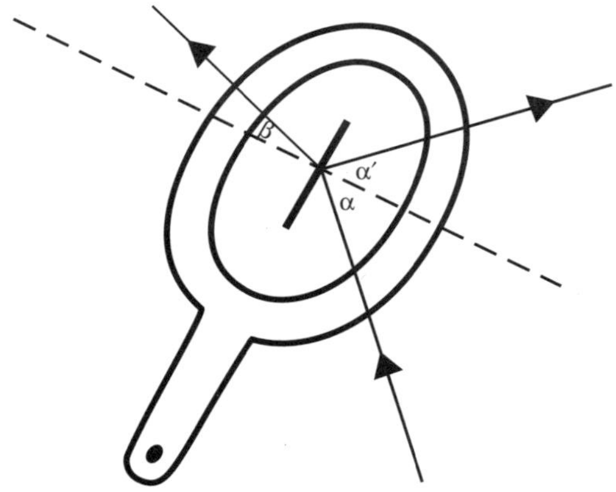

Waagerecht:

1. Hier wird formuliert, was passiert, wenn Licht auf eine Grenzfläche zwischen zwei Stoffen trifft
4. Hilfslinie, die mit dem einfallenden und dem reflektierten Strahl in einer Ebene liegt
5. Optisches „Gerät" des Menschen, das manchmal zu Kurz- oder Weitsichtigkeit neigt
9. Optisches Gerät, das man nicht essen kann
10. Optisches Gerät zum Schönmachen
12. Optisches Gerät, das vergrößert
13. Hier sieht man die Bilder

Senkrecht:

1. Hier treffen sich die achsenparallelen Strahlen nach der Brechung am Hohlspiegel
2. Er ist genauso groß wie der Reflexionswinkel
3. Phänomen beim Übergang des Lichtes vom optisch dichteren zum optisch dünneren Stoff
6. Wirklich
7. Teilgebiet der Physik, mit dem du dich gerade beschäftigst
8. Optisches Gerät zum Sterne beobachten
11. „Bitte recht freundlich" – Endprodukt eines langen Prozesses mit vielen optischen Geräten und viel Chemie

Lösungssatz:

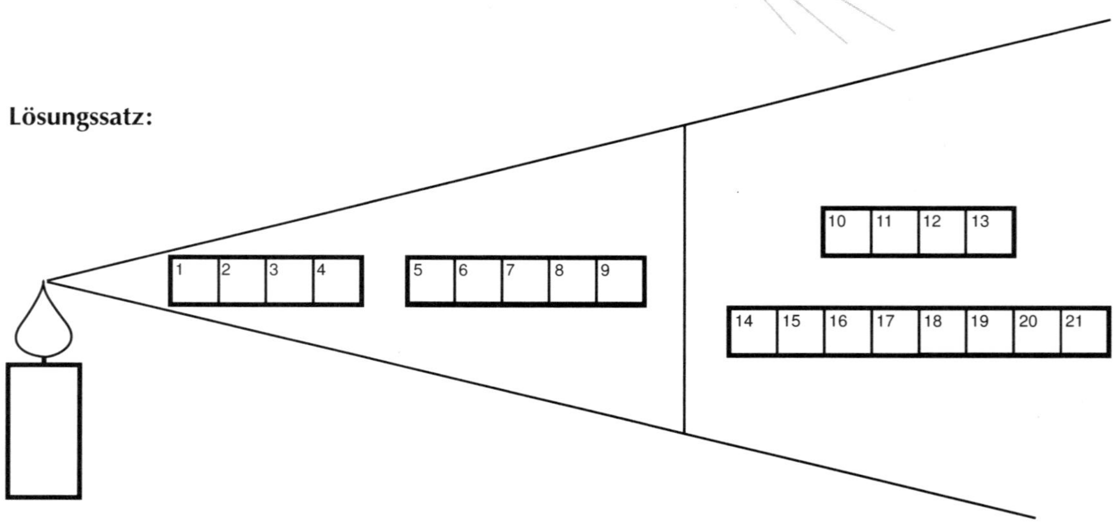

Aus: Neue Rätsel im Physikunterricht, Aulis Verlag Deubner & Co KG, Köln, 2001

Lösungen zum Rätsel 3:

Waagrecht:

1. Brechungsgesetz
4. Einfallslot
5. Auge
9. Linse
10. Spiegel
12. Mikroskop
13. Bildschirm

Senkrecht:

1. Brennpunkt
2. Einfallswinkel
3. Totalreflexion
6. reell
7. Optik
8. Fernrohr
11. Foto

Lösungssatz: Ohne Licht kein Schatten.

Dieses Rätsel kann man nach der Beendigung der Optik in Klasse 7 benutzen. Man braucht etwa 15 Minuten. Für Schüler dieser Altersstufe, die Physik erst im Anfangsunterricht haben, ist das Rätsel relativ schwer. Hinweise geben kann man zu Frage 13 (waagerecht) und Frage 6 (senkrecht). Bei Frage 8 (senkrecht) finden die Schüler oft nur identische Wörter.

Im Anschluss an das Rätsel kann man noch einmal die Bilder um das Rätsel herum nutzen, um über das Reflexions- und Brechungsgesetz, über die Bildentstehung an Linsen und über die Entstehung des Schattens (Kern- und Halbschatten) zu diskutieren.

In diesem Zusammenhang kann man die so genannten Ideogramme zeigen und dort gemeinsam mit den Schülern „Physik entdecken". (Es ist ziemlich wahrscheinlich, dass die Schüler in den nächsten Wochen immer wieder freiwillig Ideogramme entwerfen und mitbringen.)

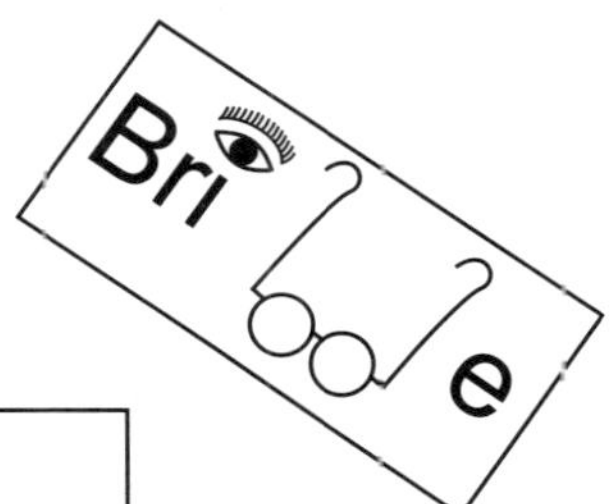

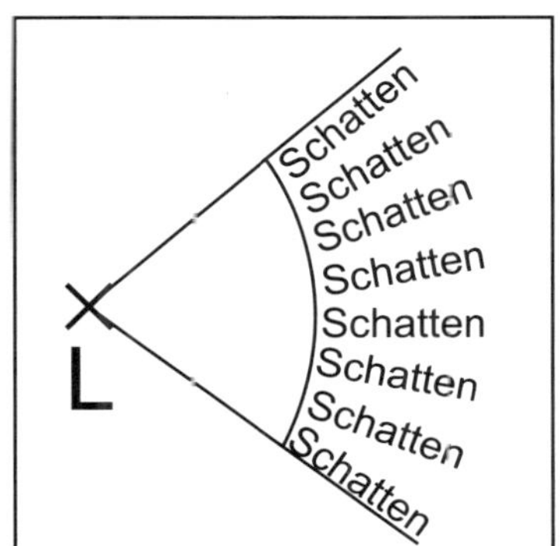

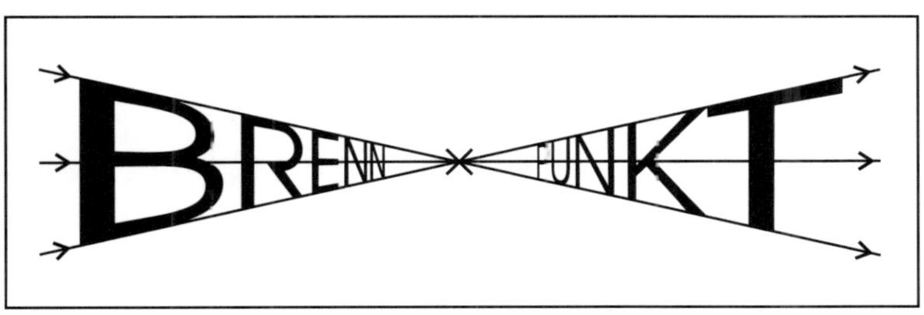

Optische Sachverhalte
– ein Zuordnungsrätsel (Rö)

Du wirst schnell bemerken, dass es sich bei den folgenden 20 Aussagen nicht um die neuesten Forschungsergebnisse aus der Optik handelt, sondern nur um falsch kombinierte Satzhälften. **Ordne sie einander so zu, dass sachlich richtige Aussagen entstehen**, indem du die beiden jeweils zusammengehörenden Satzteile genau von Punkt zu Punkt durch eine Gerade miteinander verbindest. Die dabei **nicht durchgestrichenen Buchstaben** ergeben dann, von oben nach unten gelesen, des Rätsels **Lösung**. Was versteht man unter dem Begriff? Kennst du Beispiele?

Für das Dämmerungssehen •	O	• benötigt man ein Teleobjektiv.
Das Tageslicht •	A F	• misst man in der Einheit 1 Dioptrie.
	P R	
Bei sehr heißen bodennahen Luftschichten •	T	• kann ein Regenbogen entstehen.
Weitwinkelobjektive •	I L	• sind gleich groß und liegen in einer Ebene.
Die Brillenstärke •	Q	• ist eine Mischfarbe.
Für Nahaufnahmen •	S	• sind die Stäbchen zuständig.
	M	
Einfalls- und Reflexionswinkel •	C	• haben kleine Brennweiten.
Am blinden Fleck •	Ö H	• befindet sich der Mond im Kernschatten der Erde.
	D	
Eine Fata morgana •	K E Y	• kann für unsere Augen sehr gefährlich sein.
Gegenstände unter Wasser •		• ergänzen sich zu Weiß.
	T	
Durch Lichtbrechung und Reflexion an Regentropfen •	Ü	• kann es zu Luftspiegelungen kommen.
Bei einer Mondfinsternis •	Ä V	• findet Totalreflexion statt.
Laserlicht •	U	• entsteht durch Luftspiegelung.
	S	
Bei Verwendung einer großen Blendenöffnung •	B	• nehmen wir Farben wahr.
In Lichtleitern •	C	• wird die Schärfentiefe eines Fotos geringer.
Mit den Zäpfchen •	H	• beginnt der Sehnerv.
Solarzellen •	J W	• sind in der Mitte dicker als am Rand.
Zerstreuungslinsen •	U Z	• wandeln Lichtenergie in elektrische Energie um.
Komplementärfarben •	N	• können Kurzsichtigkeit korrigieren.
	X	
Sammellinsen •	G	• erscheinen durch die Lichtbrechung angehoben.

Aus: Neue Rätsel im Physikunterricht, Aulis Verlag Deubner & Co KG, Köln, 2001

Lösung und Ergänzungsvorschlag zum Rätsel 4:

Die linken und rechten Satzhälften werden wie folgt miteinander verbunden. Der als Lösungswort gesuchte Begriff heißt: OPTISCHE TÄUSCHUNG.

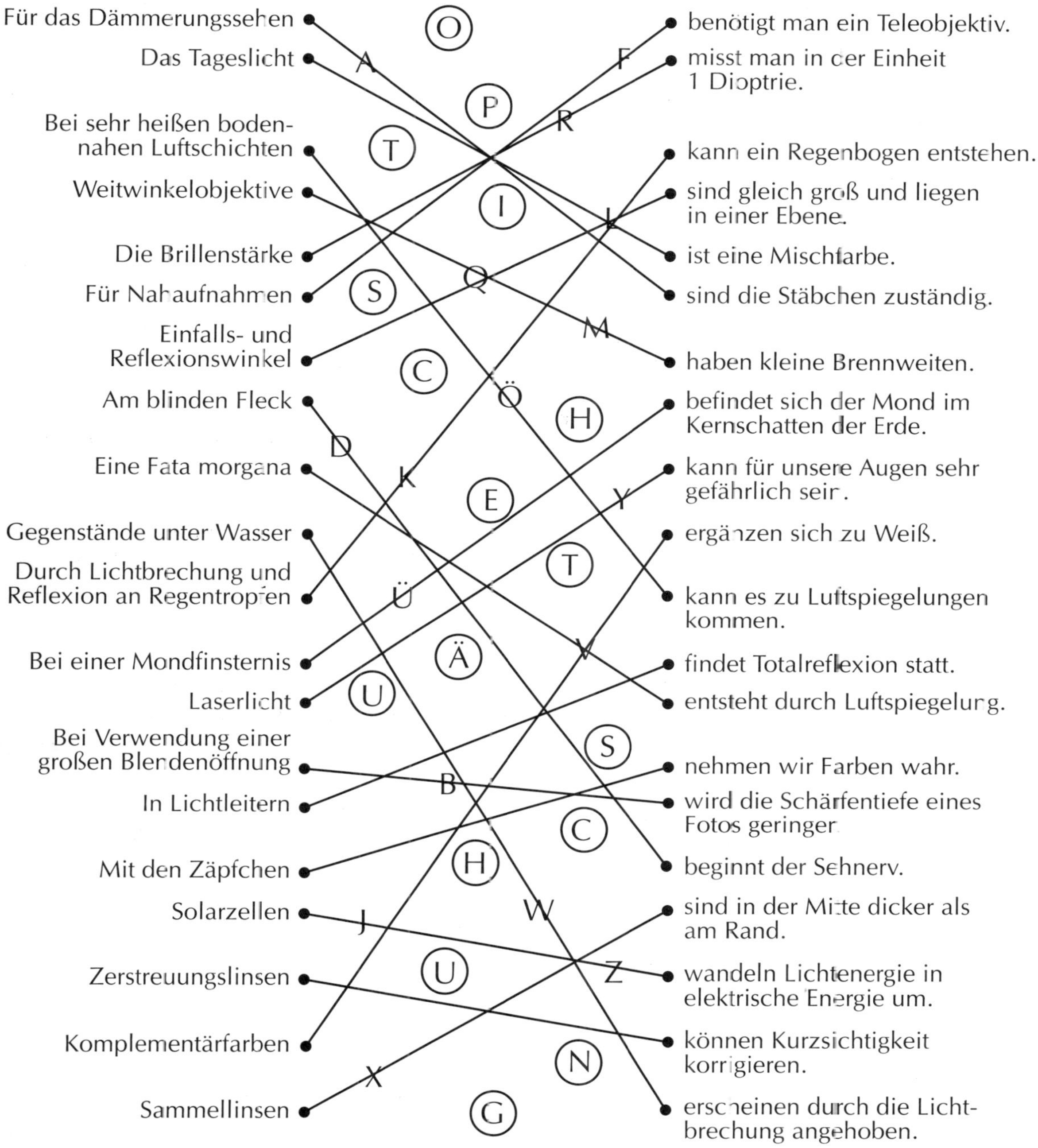

Das Rätsel hat Wiederholungscharakter und kann in **10 Minuten** fertig gelöst sein. Die 20 durch falsches Verknüpfen entstandenen Aussagen besitzen durchaus einen **gewissen Unterhaltungswert**; dies motiviert und regt die Schüler an, nun auch die richtigen Zuordnungen herauszufinden. Die Sätze sind so konstruiert, dass aus grammatischer Sicht jeweils mehrere Kombinationen möglich sind; **sinnvoll und inhaltlich richtig zuordnen** lassen sich die Satzhälften indes nur **auf eine einzige Weise**. Zum Schluss werden alle Sätze der Reihe nach überprüft (vorgelesen), damit die Schüler noch Beispiele, die sie vielleicht falsch kombiniert haben, korrigieren können. Das **Lösungswort** können sie besonders gut ablesen, wenn man ihnen rät, alle nicht durchgestrichenen Buchstaben einzukreisen oder farbig zu markieren.

Optische Täuschungen können in besonderem Maße verdeutlichen, dass der **Sehvorgang** ein **komplizierter Prozess** ist, der weit über das Abbilden eines Gegenstandes auf der Netzhaut hinausgeht; aus physiologischer, psychologischer und erst recht erkenntnistheoretischer Sicht ist das (bewusste) Sehen bisher nur sehr lückenhaft erklärbar.

Einige von den Schülern leicht **selbst zu zeichnende optische Täuschungen** zeigen, dass man ein Objekt nicht unbedingt so wahrnimmt, wie es „in Wirklichkeit" ist, sondern dass im Zuge des Verarbeitens optischer Reize **Interpretationen** stattfinden. Wenn die Schüler die von ihnen selbst angefertigten Abbildungen hernach anders wahrnehmen, als sie sie kurz zuvor gezeichnet haben, ist das eine unmittelbare Erfahrung, die beeindruckt, mitunter fasziniert. Dies zu erreichen, ist der Sinn der vorgeschlagenen Ergänzung. (Die Abmessungen der folgenden Beispiele sollten in etwa beibehalten werden.)

* Bei den Beispielen **1–4** handelt es sich um **geometrische Täuschungen** unterschiedlicher Art und zwar (der Reihe nach) um eine Längentäuschung, eine Verzerrungstäuschung, eine Richtungstäuschung und eine perspektivische Täuschung.
* Die Abbildungen **5+6** zeigen sog. **illusorische Figuren**: Bei (5) sieht man in der Mitte von acht radial aufeinander zulaufenden Linien einen weißen Kreis, bei (6) zwei sich überlappende Rechtecke. (Die L-förmige Fläche rechts oberhalb des Rechtecks fassen wir als teilweise verdecktes, zweites Rechteck auf.)
* Die Darstellungen **7+8** sind **Umspringbilder**: Bei (7) sieht man eine Ecke von außen oder von innen, bei (8) ein aufgeklapptes Heft oder Buch, ebenfalls von außen oder mit Blick auf die Innenseiten. (Typisch für Umspringbilder ist, dass beide Interpretationen bei längerem Betrachten ständig hin- und herspringen, man aber nie beide Eindrücke gleichzeitig wahrnimmt.)

①
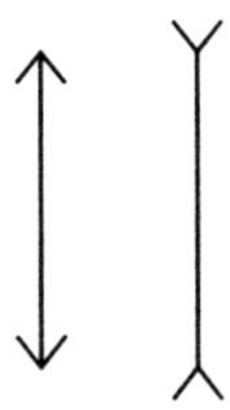

②
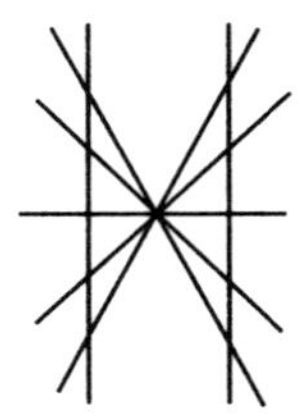

③
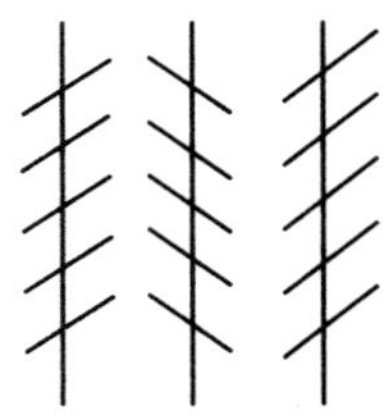

④
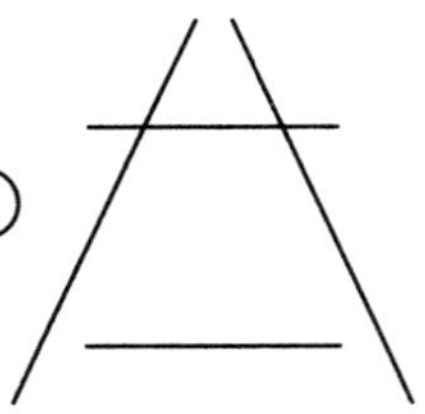

⑤
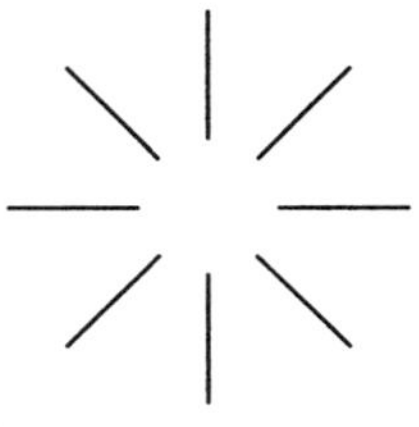

⑥
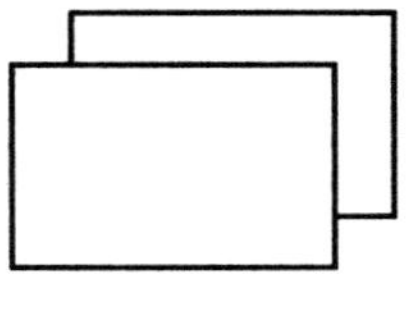

⑦
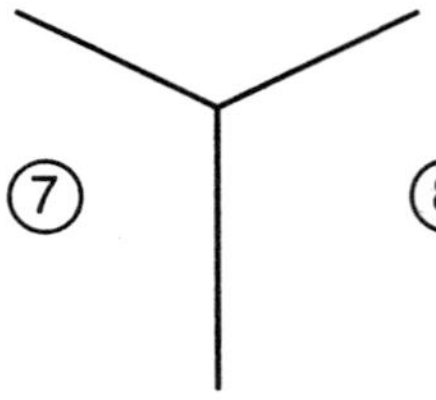

⑧
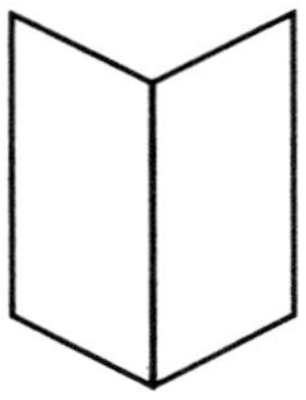

Hinweis: Weitere Beispiele optischer Täuschungen, auch solche anderer Kategorien, finden Sie in: Biologie (z.e.u.s. materialien), Der Mensch, Band 1 (S. 164–169), Aulis Verlag Deubner & Co KG, Köln, 1999.

Kräftig schütteln!
– ein Buchstabensalat zu physikalischen Größen (Go/Gö)

In diesem Wirrwarr von Buchstaben ist jeweils eine physikalische Größe versteckt.
Nur die Vokale sind an der richtigen Stelle. Alle benötigten Konsonanten sind vorhanden.

Ordne die Konsonanten richtig und notiere die Lösungswörter in der Tabelle!

Bemerkung: Es ist hilfreich, die feststehenden Vokale zu kennzeichnen.

1. G E W
2. T E I Z
3. S A S M E
4. K C U D R
5. H I T C D E
6. N G A S N U P N
7. R E T R E M A P U T
8. C U S N G D C W H I T D T K E G T R C I S N I H S E I H

Größe	Symbol der Größe	Einheit	Symbol der Einheit	Messgerät

Zusatzaufgabe: Ergänze die leeren Spalten in obiger Tabelle!

5

Lehrerseite 1

Die Lösungswörter zum Rätsel 5 lauten:

zu 1. W **E** G
zu 2. Z **E** **I** T
zu 3. M **A** S S **E**
zu 4. D R **U** C K
zu 5. D **I** C H T **E**
zu 6. S P **A** N N **U** N G
zu 7. T **E** M P **E** R **A** T **U** R
zu 8. D **U** R C H S C H N **I** T T S G **E** S C H W **I** N D **I** G K **E** **I** T

Zusatzaufgabe:

Größe	Symbol der Größe	Einheit	Symbol der Einheit	Messgerät
Weg	s	Meter	m	Zollstock (Gliedermaßstab) / Lineal
Zeit	t	Sekunde	s	Uhr
Masse	m	Kilogramm	kg	Tafelwaage
Druck	p	Pascal	Pa	Manometer
Dichte	ρ	Gramm durch Kubikzentimeter Kilogramm durch Kubikmeter	g/cm^3 kg/m^3	Aräometer (nur für Flüssigkeiten)
Spannung	U	Volt	V	Voltmeter
Temperatur	T	Kelvin	K	Thermometer
Durschnitts-geschwindigkeit	$\bar{v}$	Meter pro Sekunde	m/s	kein Messgerät (Berechnung)

Methodische Bemerkungen:
Einsetzbar ist diese Rätselform in allen Phasen des Unterrichts – insbesondere zur täglichen Übung, Festigung, …, in der letzten Stunde vor den Ferien, …

Sie ist für alle Schulformen und Jahrgangsstufen geeignet (vorrangig für jüngere Schüler). An Materialien genügen Kreide und Wandtafel oder ein Arbeitsblatt (Kopie der Schülerseite).

Abwandelbar ist die Aufgabenstellung, wenn an Stelle von „eine physikalische Größe" – „ein Messgerät", „eine physikalische Einheit" oder ganz allgemein „ein physikalischer Begriff" (z. B. aus einem bestimmten Stoffgebiet) gesetzt wird.

Beim Auswählen von Wörtern sollte das Prinzip „vom Einfachen zum Komplizierten" beachtet werden. Bei Begriffen mit wenig Buchstaben (etwa bis zu sechs) haben die Schüler beim Finden der Lösungswörter kaum Probleme. Bei Erprobungen fand jedoch kein Schüler ohne Hinweise aus dem vorgegebenen Wirrwarr den Begriff Durchschnittsgeschwindigkeit.

Als Lösungshilfe kann den Schülern angeboten werden, die ortsfesten Vokale im Buchstaben-Wirrwarr zu unterstreichen. Wir haben dies in der Lösungsmatrix angedeutet.

Die Zusatzaufgabe ist für die immer wieder notwendige Festigung der zusammengehörenden Begriffe bei physikalischen Größen geeignet.

Weitere Hinweise:
Bei diesem Rätsel ist die Einbeziehung der Schüler bereits bei der Rätselgestaltung sehr gut möglich. Dazu wird allen Schülern der Auftrag erteilt, zu einem vorher festgelegten Inhalt (z. B. physikalischer Begriff aus dem Stoffgebiet Elektrizitätslehre) ein Buchstaben-Wirrwarr vorzubereiten. Ein Schüler schreibt sein Wirrwarr an die Tafel. Der Schüler, der zuerst das richtige Lösungswort findet, darf sein Wirrwarr anschreiben. Durch diese Vorgehensweise reduziert sich der Vorbereitungsaufwand erheblich.

Grau in grau
– ein Silbenrätsel zur Optik (Rö)

Wenn du alle Begriffe eingetragen hast und dann die ersten Buchstaben deiner Antworten hintereinander liest, erhältst du ein bekanntes Sprichwort. Streiche die verwendeten Silben stets durch – zum Schluss darf keine Silbe übrig bleiben.

---

a – ab – ak – auf – be – ben – ber – bil – blen – brenn – ca –
da – dap – de – di – dungs – e – ein – ent –
falls – far – fer – fins – fle – fle – fleck – ge – gel – gel – gen –
halb – haut – hen – i – i – jek – kel – ko – kom –
le – lei – lett – licht – lin – lö – lu – maß – me – men – mo – mö – mond –
nah – nen – ner – netz – neu – nis – nungs – o – ob – ob – on – on – on – ons – op –
pe – ple – punk – punkt – ra – ra – re – re – ris – ris –
schat – scu – se – sen – setz – son – spie – stab – streu – sungs –
ta – tal – tär – te – ten – ter – ter – ti – ti – tiv – to – tra – trie –
ul – ungs – ver – vi – win – xi – xi – zer

---

1. Punkt, in dem achsenparallel auf einen Hohlspiegel oder eine Sammellinse auftreffende Lichtstrahlen vereinigt werden ....
2. Spiegel, der nur gleichgroße, aufrechte, seitenrichtige, virtuelle Bilder erzeugt (2 Wörter) ....
3. veränderliche Blendenöffnung des Fotoapparats ....
4. Mondphase, in der sich der Mond im Kernschatten der Erde befindet ....
5. Quotient aus Bildgröße und Gegenstandsgröße ....
6. lateinischer Name für Lochkamera (2 Wörter), wörtliche Übersetzung: „dunkler Raum" ....
7. Schatten, der weniger dunkel als Kernschatten ist; kann an seinen Seiten entstehen ....
8. Phänomen, das beim Übergang eines Lichtstrahls vom optisch dichteren ins optisch dünnere Material auftreten kann ....
9. Naturerscheinung, bei der der Kernschatten des Mondes auf die Erde trifft ....
10. anderer Name für Regenbogenhaut ....
11. Bezeichnung für die dem Auge nächste Stelle, die der Normalsichtige noch scharf sieht ....
12. Maßeinheit für den Brechwert optischer Geräte, insbesondere Maß für die Brillenstärke; Kehrwert der in m gemessenen Brennweite ....

Aus: Neue Rätsel im Physikunterricht, Aulis Verlag Deubner & Co KG, Köln, 2001

13. Fachausdruck für die Anpassung der Augenlinse an unterschiedliche Gegenstandsweiten ....
14. Glas- oder Kunststofffasern, durch die Licht mittels Totalreflexion weitergeleitet, auch umgelenkt werden kann ....
15. Vergrößerungsglas; liefert aufrechte, seitenrichtige, virtuelle Bilder ....
16. Fähigkeit, die unter anderem auf dem Betrachten eines Objektes mit beiden Augen beruht ....
17. Farbenpaar, das sich zu Weiß ergänzt ....
18. Anpassung des Auges an die jeweilige Helligkeit, geschieht durch Verändern der Pupillenöffnung und verschiedenartige Reaktionen der Sehzellen ....
19. Objektiv mit großer Brennweite, geeignet für Nahaufnahmen ....
20. Linsen, die in der Mitte dünner sind als zum Rand hin, z. B. Bikonkav- und Plankonkavlinsen ....
21. Winkel, der die gleiche Größe wie der Reflexionswinkel hat und mit diesem in einer Ebene liegt ....
22. Bereich des Auges, der die Lichtsinneszellen enthält ....
23. Stelle des schärfsten Sehens, enthält nur Zäpfchen (2 Wörter) ....
24. Gesetz über das Verhalten von Lichtstrahlen an spiegelnden Flächen ....
25. Maß für die Fähigkeit des Auges und optischer Geräte, zwei nahe beieinander liegende Gegenstandspunkte gerade noch als deutlich unterscheidbare Punkte abbilden zu können ....
26. für den Menschen nicht sichtbare, energiereiche Strahlung jenseits von Violett; Abkürzung: UV ....

Das Sprichwort lautet:

__________ __________ __________

__________ __________ __________

Lösung und Erläuterungen zum Rätsel 6:

Lösung: 1. **B**rennpunkt, 2. **E**bener Spiegel, 3. **I**risblende, 4. **N**eumond, 5. **A**bbildungsmaßstab, 6. **C**amera obscura, 7. **H**albschatten, 8. **T**otalreflexion, 9. **S**onnenfinsternis, 10. **I**ris, 11. **N**ahpunkt, 12. **D**ioptrie, 13. **A**kkomodation, 14. **L**ichtleiter, 15. **L**upe, 16. **E**ntfernungssehen, 17. **K**omplementärfarben, 18. **A**daptation, 19. **T**eleobjektiv, 20. **Z**erstreuungslinsen, 21. **E**infallswinkel, 22. **N**etzhaut, 23. **G**elber Fleck, 24. **R**eflexionsgesetz, 25. **A**uflösungsvermögen, 26. **U**ltraviolett

Das Sprichwort lautet: BEI NACHT SIND ALLE KATZEN GRAU.

Das Rätsel ist umfangreich und breit gefächert, man kann mit ihm die Optik stichpunktartig wiederholen und abschließen. Die Bearbeitungszeit beträgt **etwa 20 Minuten**, das Rätsel eignet sich auch gut als Hausaufgabe. Man weist die Schüler darauf hin, dass es für den Fall etwaiger Korrekturen von Vorteil ist, die verwendeten Silben nur mit Bleistift auszustreichen. Die Antworten zu den bis zum Schluss noch offenen Fragen können verhältnismäßig leicht aus den restlichen, noch nicht durchgestrichenen Silben kombiniert werden; das könnte insbesondere bei den Fragen Nr. 6, 16, 17 und 25 notwendig werden. Das **Sprichwort** kann (und soll auch, wenn nicht schon vorher geschehen) einige ergänzende, leicht verständliche Bemerkungen nach sich ziehen über den **Bau der Netzhaut** und die **Reizverarbeitung** in ihr:

* Unsere Netzhaut enthält **120–125 Mio Stäbchen** und **6–7 Mio Zäpfchen**. Die Stäbchen sind rund 1000 mal so lichtempfindlich wie die Zäpfchen. (Sowohl Stäbchen wie Zäpfchen können im Zuge der Dunkeladaptation ihre Empfindlichkeit erheblich steigern, die Zäpfchen auf das 500-fache, die Stäbchen auf das 2000-fache.) Für die besonderen Qualitäten des **Tagsehens (Farbensehen, große Sehschärfe)** sind die **Zäpfchen** zuständig, von denen es beim Menschen 3 Arten gibt (mit jeweils einem anderen lichtsensiblen Rezeptormolekül). Demgegenüber enthalten alle **Stäbchen** den gleichen Fotorezeptor (Rhodopsin). Sie sind daher nicht farbtüchtig; sie vermitteln **Helligkeitsunterschiede (Schwarz-Weiß-Sehen)** und ermöglichen das **Dämmerungssehen** (Sprichwort) bei allerdings **geringerer Sehschärfe** (siehe unten).

* Die **3 Zapfentypen** haben ihr jeweiliges Empfindlichkeitsmaximum bei 400–450 nm (Blaurezeptoren), 520–540 nm (Grünrezeptoren) und 560–575 nm (Gelbbereich). Die Zapfen mit der höchsten Empfindlichkeit im Gelbbereich sind auch im Rotbereich noch sehr empfindlich; man nennt sie Rotrezeptoren. Die maximale Empfindlichkeit der Rot- und Grünrezeptoren ist vergleichbar, die der Blaurezeptoren deutlich geringer. Die einzelnen **Farbeindrücke** ergeben sich für uns durch das Ausmaß der Erregung der 3 Zapfentypen. Wir können **rund 300 Farbtöne** unterscheiden; durch die hinzukommenden unbunten Reize (die verschiedenen Grautöne) ergeben sich für jeden Farbton zahlreiche sog. Farbvalenzen. Unser visuelles System kann **600 000 Farbvalenzen** unterscheiden. Das Empfindlichkeitsmaximum des Tagsehens liegt bei rund 550 nm (gelbe Schulmützen). Das Maximum des Dämmerungssehen ist in Richtung kürzerwelligen Lichts verschoben, es liegt bei 500 nm. (Von zwei bei Tag gleich hell erscheinenden Gegenständen, etwa einem roten und einem blauen, wirkt bei Dämmerung der blaue heller.)

* Die **Netzhautgrube** (= gelber Fleck) enthält **ausschließlich Zäpfchen** – im Zentrum längere, schmalere, besonders dicht angeordnete. Wegen der **1:1–Verschaltung** der Zäpfchen der Netzhautgrube mit den nachfolgenden Nervenzellen ist diese die Stelle des **schärfsten Sehens**; **lichtschwache Objekte** werden dort allerdings **nicht registriert.** (Manche Sterne am Nachthimmel „verschwinden“, sobald man sie genau fixiert.)

* **Außerhalb der Netzhautgrube** ist die Zäpfchenzahl nur noch sehr gering, an der Peripherie der Netzhaut gibt es keine Zäpfchen. Die höchste **Stäbchen**dichte befindet sich rund um die

Netzhautgrube, sie nimmt zur Peripherie der Netzhaut hin ebenfalls ab. Stäbchen sind **nie einzeln** mit den nachfolgenden Nervenzellen (= Neuronen) **verschaltet**, im äußeren Netzhautbereich konvergieren bis zu 500 Stäbchen auf eine Ganglienzelle. Insgesamt ergibt sich bei den rund 130 Mio Sinneszellen unserer Netzhaut, deren Meldungen (über zunächst 2 Mio bipolare Schaltzellen) auf letztlich 1 Mio Ganglienzellen zusammenlaufen, eine durchschnittliche **Signalkonvergenz von 130:1**. Die konvergente Verschaltung trägt wesentlich zur **Erhöhung der Empfindlichkeit** des Hell-Dunkel-Sehens bei, liefert aber **unscharfe Bilder**. Der seitliche Netzhautbereich wirkt als Warnbereich. (Möglicherweise gefahrbringende Bewegungen in der Umgebung werden hier frühzeitig wahrgenommen, nicht aber Formen und Farben.)

* In der Schicht mit den Bipolaren befinden sich auch 2 Typen **querverbindender Nervenzellen**: die Horizontalen, die – verstärkende oder hemmende – Meldungen gereizter Sinneszellen an benachbarte Sinneszellen weitergeben (was z. B. für das bessere Sehen von Kontrasten und Konturen von Bedeutung ist) und die Amakrinen, mittels derer jeweils mehrere Ganglienzellen miteinander in Kontakt stehen.

Fazit: Es wird deutlich, dass bereits im Netzhautbereich die Verarbeitung visueller Reize ein äußerst komplexer Vorgang ist. Ihre weitere Auswertung in übergeordneten Gehirnarealen bis hin zur bewussten Wahrnehmung ist mit Sicherheit noch ungleich komplizierter. (Weder sind bisher die neurophysiologischen Grundlagen hinreichend bekannt noch können wir sagen, was „bewusstes" Sehen überhaupt ist.)

Übrigens: **Dämmerungstiere**, z. B. Fledermäuse, Igel, Mäuse, besitzen fast ausschließlich Stäbchen, die zudem stärker verschaltet sein können; beim nachtaktiven Tiger beträgt die Konvergenz 2500:1. In der Netzhaut von **Tagtieren**, z. B. Eidechsen und vielen Vögeln, dominieren dagegen die Zäpfchen.

Die folgende **Abbildung** zeigt ein sehr stark vereinfachtes Schema vom **Bau der menschlichen Netzhaut**. Zu unterscheiden sind **drei Zellschichten** und – zwischen ihnen – **zwei Synapsenzonen**, innerhalb derer die Reizübertragungen stattfinden. (Anmerkung: Wirbeltiere haben sog. inverse Augen, d. h. die Sinneszellen weisen mit ihren lichtempfindlichen Außengliedern in Richtung der dem Lichteinfall abgewandten Seite. Das Licht muss die Nervenzellschichten durchdringen, bevor es die Sehzellen erreicht.)

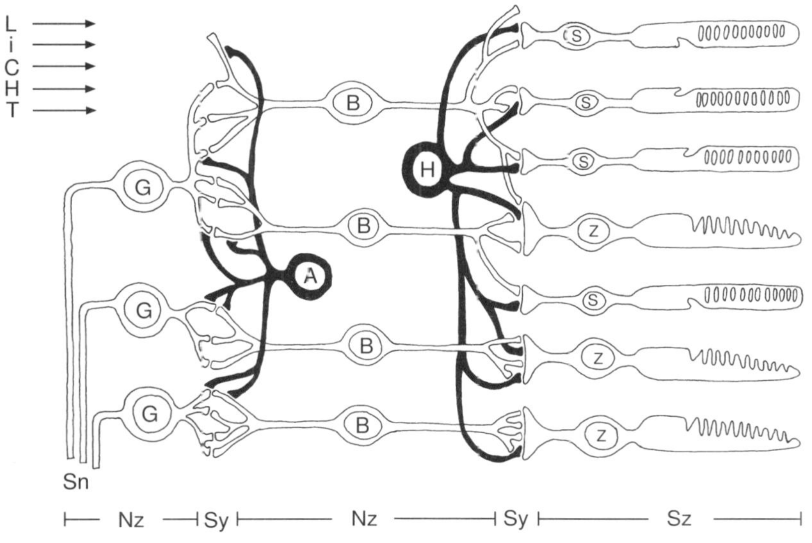

Es bedeuten: **Sz** = Sinneszellen, **Nz** = Nervenzellen, **Sy** = Synapsen, **Sn** = Sehnerv.
S = Stäbchen, **Z** = Zäpfchen; **B, H, A** = Schaltzellen (B = bipolare Zellen, H = Horizontalzellen, A = amakrine Zellen); **G** = Ganglienzellen mit ihren Nervenfasern (= Neuriten). Die Kreise um einzelne Buchstaben symbolisieren den jeweiligen Zellkern.

Jetzt wird's warm
– ein Suchwort-Puzzle zur Wärmelehre (Fr)

A	K	T	H	N	E	Z	L	E	M	H	C	S	D	H	E	N
W	A	E	R	M	E	S	T	R	A	H	L	U	N	G	E	F
O	I	M	L	K	S	U	I	S	L	E	C	B	L	D	R	T
L	B	P	G	V	B	I	M	E	T	A	L	L	E	N	S	K
T	R	E	B	L	I	S	K	C	E	U	Q	I	Z	W	A	G
W	M	R	A	L	S	N	G	X	E	I	S	M	O	L	R	P
A	N	A	N	U	L	L	P	U	N	K	T	A	T	A	Y	H
R	E	T	E	M	O	M	R	E	H	T	Z	T	D	K	R	Y
M	T	U	J	W	A	E	R	M	E	L	E	I	T	U	N	G
V	E	R	D	U	N	S	T	E	N	R	J	O	U	L	E	V
S	K	A	L	A	N	O	I	T	K	E	V	N	O	K	U	Q

In diesem Suchwort-Puzzle sind 20 Begriffe aus der Wärmelehre versteckt. Finde sie!
Die gesuchten Begriffe können waagerecht, senkrecht, diagonal, ineinander übergehend oder auch rückwärts in dem Puzzle verborgen sein. Gefundene Begriffe werden in die Wortliste eingetragen und im Gitter markiert oder umrandet.

Viel Spaß und Erfolg!

1. ____________ 8. ____________ 15. ____________

2. ____________ 9. ____________ 16. ____________

3. ____________ 10. ____________ 17. ____________

4. ____________ 11. ____________ 18. ____________

5. ____________ 12. ____________ 19. ____________

6. ____________ 13. ____________ 20. ____________

7. ____________ 14. ____________

Aus: Neue Rätsel im Physikunterricht, Aulis Verlag Deubner & Co KG, Köln, 2001

Lösung zum Rätsel 7:

A	K	T	H	N	E	Z	L	E	M	H	C	S	D	H	E	N
W	A	E	R	M	E	S	T	R	A	H	L	U	N	G	E	F
O	I	M	L	K	S	U	I	S	L	E	C	B	L	D	R	T
L	B	P	G	V	B	I	M	E	T	A	L	L	E	N	S	K
T	R	E	B	L	I	S	K	C	E	U	Q	I	Z	W	A	G
W	M	R	A	L	S	N	G	X	E	I	S	M	O	L	R	P
A	N	A	N	U	L	L	P	U	N	K	T	A	T	A	Y	H
R	E	T	E	M	O	M	R	E	H	T	Z	T	D	K	R	Y
M	T	U	J	W	A	E	R	M	E	L	E	I	T	U	N	G
V	E	R	D	U	N	S	T	E	N	R	J	O	U	L	E	V
S	K	A	L	A	N	O	I	T	K	E	V	N	O	K	U	Q

Wortliste (hier alphabetisch):

1. BIMETALL
2. CELSIUS
3. EIS
4. GRAD
5. JOULE
6. KALT
7. KELVIN
8. KONVEKTION
9. NULLPUNKT
10. QUECKSILBER
11. SCHMELZEN
12. SIEDEN
13. SKALA
14. SUBLIMATION
15. TEMPERATUR
16. THERMOMETER
17. VERDUNSTEN
18. WAERMELEITUNG
19. WAERMESTRAHLUNG
20. WARM

Dieses Rätsel kann man in Klasse 7 nach der Behandlung der Wärmelehre oder auch in Klasse 8 als Wiederholung vor der erneuten Bearbeitung dieses Stoffgebietes nutzen. Es wird etwa 15–20 Minuten dauern, bis die Schüler die Begriffe gefunden haben.

Je nach Klassensituation kann man auch nach ca. 10 Minuten die bereits gefundenen Begriffe an die Tafel schreiben lassen und damit dem Aufkommen von Frustration vorbeugen.

Im Anschluss sollten die Schüler in 3er- oder 4er-Teams Begriffsbestimmungen für jedes Wort formulieren und aufschreiben. (Den Schülern könnte eventuell das Wort Sublimation fremd sein.) Diese Begriffsbestimmungen werden dann vor der Klasse vorgelesen und gemeinsam diskutiert.

Rund um die Wärme
– ein Rätsel in 2 Fassungen (Rö)

Ergänze die folgenden Sätze zu sinnvollen Aussagen und trage die gefundenen **Begriffe**, von denen die ersten **mit „WÄRME“ beginnen** (Nr. 1–14) und die folgenden **auf „WÄRME“ enden** (Nr. 15–22), in die dafür vorgesehenen Felder ein (Ä = AE, Ö = OE)! Das **Lösungswort** hat ebenfalls **mit „WÄRME“ zu tun**; es ergibt sich, wenn du die Buchstaben in den markierten Feldern der Reihe nach liest.

Mit „WÄRME“ beginnen:

1. Ein WÄRME..... kann mit fossilen Brennstoffen oder mit Kernbrennstoff betrieben werden.
2. Die von der Sonne ausgehende Wärme gelangt durch WÄRME..... zu uns.
3. Die Sonne ist unsere wichtigste Licht- und WÄRME..... .
4. Zahlreiche elektrische Geräte, z. B. Elektroherd, Toaströster und Bügeleisen, beruhen auf der WÄRME..... des elektrischen Stroms.
5. Bei der WÄRME..... ist mit dem Temperaturtransport auch ein Stofftransport verbunden.
6. Innerhalb von Metallen wird die Wärme durch WÄRME..... weitergegeben.
7. Meere und Seen sind natürliche WÄRME..... .
8. Unter dem Heizwert eines Brennstoffes versteht man die beim Verbrennen von 1 kg dieses Brennstoffes frei werdende WÄRME..... .
9. Durch eine gute WÄRME..... lassen sich die Heizkosten für Gebäude erheblich senken.
10. Licht- und WÄRME..... werden häufig gemeinsam abgegeben.
11. Mit steigender Temperatur eines Körpers nimmt die WÄRME..... seiner kleinsten Teilchen zu.
12. Luft ist ein sehr schlechter WÄRME..... .
13. Die spezifische WÄRME..... eines Stoffes gibt an, wieviel Energie nötig ist, um 1 kg dieses Stoffes um 1 K (1 °C) zu erwärmen.
14. Mit Hilfe einer WÄRME..... lässt sich die Wärme der Umgebung zu Heizzwecken nutzen.

Auf „WÄRME“ enden:

15. Die Energie, die nötig ist, um einen Stoff vom flüssigen in den gasförmigen Zustand zu überführen, heißt .....WÄRME.
16. Die bei großtechnischen Verfahren frei werdende .....WÄRME wird so weit wie möglich wiederverwertet.
17. Um Eis von 0 °C in Wasser von 0 °C umzuwandeln, muss man die so genannte .....WÄRME zuführen.
18. Bei der von einem Kaminfeuer ausgehenden Wärme handelt es sich im Wesentlichen um .....WÄRME.
19. Beim Abbremsen eines Autos entsteht an den Bremsflächen .....WÄRME.
20. Eine Kältemischung stellt man her, indem man zermahlenes Eis mit einem Salz vermischt, das sehr viel .....WÄRME (ver)braucht.
21. Häufig werden große Gebäudekomplexe mit .....WÄRME geheizt.
22. Holz und fossile Brennstoffe liefern, nachdem man sie entzündet hat, bei ihrer Reaktion mit dem Sauerstoff der Luft .....WÄRME.

Aus: Neue Rätsel im Physikunterricht, Aulis Verlag Deubner & Co KG, Köln, 2001

Fassung A:

Entsprechend der Pfeilrichtung werden

- die **Begriffe 1 bis 14 von innen nach außen** in die Rätselsonne eingetragen, da sie mit „WÄRME" beginnen,
- die **Begriffe 15 bis 22** hingegen **von außen nach innen**, da sie auf „WÄRME" enden.

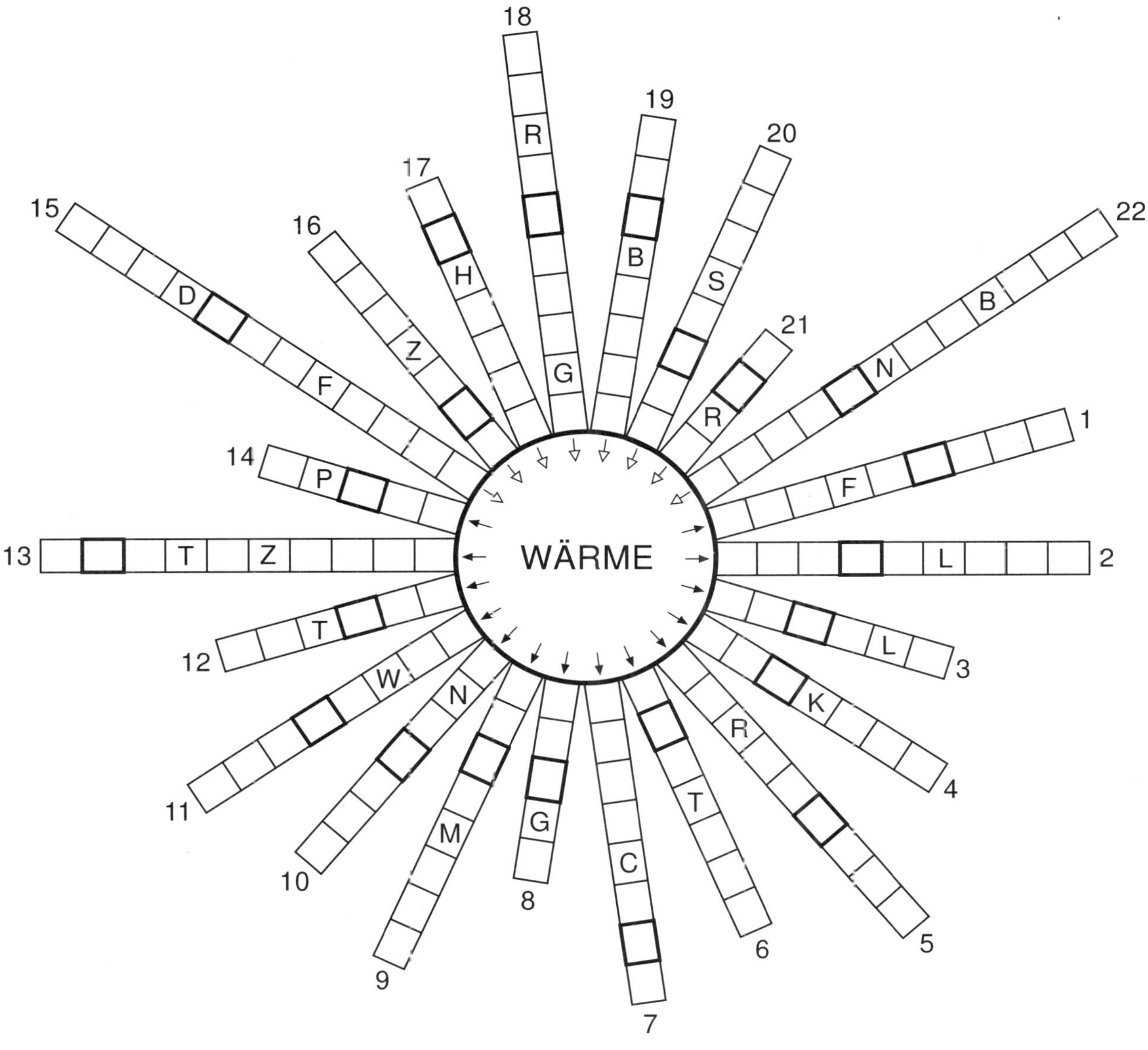

Lösungswort:

1	2	3	4	5	6	7	8	9	10	11	12	13	14	15	16	17	18	19	20	21	22

Fassung B:

1	W	Ä	R	M	E				F		○						
2	W	Ä	R	M	E				○		L						
3	W	Ä	R	M	E			○		L							
4	W	Ä	R	M	E			○	K								
5	W	Ä	R	M	E			R			○						
6	W	Ä	R	M	E		○		T								
7	W	Ä	R	M	E					C		○					
8	W	Ä	R	M	E			○	G								
9	W	Ä	R	M	E			○		M							
10	W	Ä	R	M	E		N		○								
11	W	Ä	R	M	E			W		○							
12	W	Ä	R	M	E			○	T								
13	W	Ä	R	M	E					Z		T		○			
14	W	Ä	R	M	E			○	P								
15				D	○			F					W	Ä	R	M	E
16									Z		○		W	Ä	R	M	E
17							○	H					W	Ä	R	M	E
18					R		○				G		W	Ä	R	M	E
19							○	B					W	Ä	R	M	E
20								S		○			W	Ä	R	M	E
21										○	R		W	Ä	R	M	E
22				B			N	○					W	Ä	R	M	E

Lösungswort:

___	___	___	___	___	___	___	___	___	___	___	___	___	___	___	___	___	___	___	___	___	___
1	2	3	4	5	6	7	8	9	10	11	12	13	14	15	16	17	18	19	20	21	22

Aus: Neue Rätsel im Physikunterricht, Aulis Verlag Deubner & Co KG, Köln, 2001

Lösung und Ergänzungsmöglichkeiten zum Rätsel 8:

1. **WÄRME**-kraftwerk, 2. -strahlung, 3. -quelle, 4. -wirkung, 5. -stroemung, 6. -leitung, 7. -speicher, 8. -menge, 9. -daemmung, 10. -energie, 11. -bewegung, 12. -leiter, 13. -kapazitaet, 14. -pumpe;

15. Verdampfungs-, 16. Prozess-, 17. Schmelz-, 18. Strahlungs-, 19. Reibungs-, 20. Loesungs-, 21. Fern-, 22. Verbrennungs-**WÄRME**

Lösungswort: WAERMEENERGIEMASCHINEN

Das Rätsel wird in **zwei inhaltlich identischen Fassungen** angeboten, von denen die erste (Fassung A) **attraktiver aussieht**, die zweite (Fassung B) **leichter auszufüllen** ist.

Aus den (bei gleichem Fragentext) unterschiedlichen Darstellungsweisen ergibt sich der Einsatzbereich der beiden Fassungen: In leistungsfähigen Klassen wird man **Fassung A** bearbeiten lassen, für etwas weniger flexible Schüler wählt man besser **Fassung B**. Diese Fassung eignet sich auch gut für eine spätere schriftliche Lernkontrolle (für die man allerdings die Hilfsbuchstaben vor dem Kopieren entfernen sollte). Erinnern sich die Schüler noch an das Lösungswort, liefert dieses immerhin als Erleichterung pro Antwort einen Buchstaben.

Das Rätsel bietet einen **breit gefächerten Überblick** über die Wärmelehre und setzt sehr **verschiedenartige Akzente**. Der Inhalt geht deutlich über den üblichen Rahmen der Behandlung der Wärmelehre in der Sekundarstufe I hinaus; insbesondere werden auch energetische Aspekte angesprochen, der technische Sektor findet Erwähnung, und die chemische Seite des Themas wird berücksichtigt.

Das Rätsel hat einen **mindestens mittleren Schwierigkeitsgrad**; es kann in **etwa 15 Minuten** fertig ausgefüllt sein und eignet sich zum **Abschließen der Wärmelehre**. Frage Nr. 13 ist die mit Abstand schwierigste, hier muss der Lehrer vielleicht helfen. Schwierig zu beantworten sind auch die Fragen Nr. 16 und Nr. 20.

Eventuelle **Ergänzungen** zum Rätsel sind möglich und erfolgen da, wo noch **Wissenslücken** bestehen oder eine **Vertiefung** sinnvoll erscheint. Eine Kombination des Lösungswortes mit den Antworten zu Nr. 15 und Nr. 22 bietet sich an, der **Begriff „Wirkungsgrad"** wird gegebenenfalls eingeführt und mit zum Lösungswort passenden Beispielen belegt:

Dampfmaschine	ca. 10 % = 0,10
Dampfturbine	ca. 40 % = 0,40
Ottomotor	ca. 25 % = 0,25
Dieselmotor	ca. 35 % = 0,35

Zwei Punkte sollte man in diesem Zusammenhang erwähnen und auch – in Grenzen – schon begründen:

* Die bei Wärmeenergiemaschinen erreichbaren **Wirkungsgrade sind vergleichsweise gering**. (Zum Vergleich: Der Wirkungsgrad eines Elektromotors liegt höher als 90 %.)

* Aus prinzipiellen Gründen ist der stets auftretende (erhebliche) **Energieverlust nicht beliebig minimierbar**, d. h. er kann bei noch so geeigneter Konstruktion einer Wärmeenergiemaschine einen bestimmten Prozentsatz nicht unterschreiten.)

Kalt, warm, heiß
– ein Vier-in-einer-Reihe-Spiel zur Wärmelehre (Fr)

Ziel des Spieles ist es, vier Felder in einer Reihe, d. h. senkrecht, waagerecht oder diagonal zu besetzen.

Dazu teilt man die Klasse in zwei oder drei Gruppen ein.

Die Gruppen müssen nun nacheinander ein Feld auswählen. Hinter jedem Feld verbirgt sich eine Frage. Können die Spieler die Frage richtig beantworten, gehört das Feld ihnen.

Dann ist das nächste Team an der Reihe.

Das Team, das zuerst vier Felder besetzt hat, ist Sieger.

Aufgabenschema:

1	2	3	4
5	6	7	8
9	10	11	12
13	14	15	16

Hinweis:
Dieses Spielraster ist auch für das Spiel „Keine Angst vor Widerständen“ auf S. 55 geeignet.

Aus: Neue Rätsel im Physikunterricht, Aulis Verlag Deubner & Co KG, Köln, 2001

16 Fragen und 3 Zusatzfragen zum Rätsel 9:

1. Welche Aggregatzustände gibt es?
2. Wie funktioniert ein Bimetallstreifen?
3. Aus welchen Teilen besteht ein Thermometer?
4. Nenne die Formelzeichen der Temperatur!
5. Was versteht man unter dem absoluten Nullpunkt?
6. Nenne die Einheiten der Temperatur!
7. Wie nennt man die Aggregatzustandsänderung vom festen in den flüssigen Zustand?
8. Wie nennt man die Aggregatzustandsänderung vom gasförmigen in den flüssigen Zustand?
9. Warum soll man nach dem Baden die nassen Badesachen ausziehen?
10. Was geschieht mit einer Metallstange beim Erwärmen?
11. Was versteht man unter der „Anomalie des Wassers"?
12. Drücke 283 K in °C aus!
13. Drücke –10 °C in K aus!
14. Was geschieht mit einem dickwandigen Saftglas beim Einfüllen von sehr heißem Wasser? Zusatzpunkt (freies Feld zur Auswahl!) Warum passiert das?
15. Was versteht man unter „Verdunsten"?
16. Bei welchem Wetter trocknet Wäsche auf der Leine am besten? Zusatzpunkt (freies Feld zur Auswahl!) Begründe deine Meinung!
17. Welche Arten des Wärmetransportes gibt es?
18. Beschreibe das Teilchenmodell!
19. In viele Getränke legt man Eiswürfel, um sie zu kühlen. Warum werden die Getränke dadurch kühler?

(Diese Fragen sind nach meiner Erfahrung relativ schwer. Deshalb wird das Spiel auch recht lange dauern. Je nach Klassensituation kann man die Fragen auch durchaus leichter formulieren.)

Varianten:

1. Um das Spiel abzukürzen kann man bei gleichem Spielplan auch schon bei „Drei-in-einer-Reihe" den Sieger küren.
2. Eine noch einfachere und schnellere Möglichkeit besteht darin, sich auf ein „Drei-mal-drei"-Aufgabenschema zu beschränken.
3. Möchte man das Spiel noch interessanter und spannender gestalten, so kann man bei ausgewählten Aufgaben Zusatzfragen bereithalten. Sollte ein Team die Fragen richtig beantworten, so kann es sich von den noch freien Feldern eines aussuchen.

Auf welchem Weg durchs Labyrinth erfolgt der Wärmetransport?
– ein Labyrinth zur Wärmelehre (Fr)

1. Lies die folgenden physikalischen Aussagen.
2. Entscheide, ob sie wahr oder falsch sind.
3. Wenn du dies bei allen Aussagen herausgefunden hast, findest du auch den richtigen Weg durchs Labyrinth. Beginne bei der Sonne Ⓢ links oben in der Ecke. An jeder Wegkreuzung sagt dir die Lösung, ob du den W- oder den F-Weg gehen musst.
4. Hast du alle Aufgaben richtig gelöst, musst du im Ziel Ⓩ rechts unten angekommen sein.
5. Wenn du fertig bist, versuche die falschen Aussagen zu berichtigen.

Viel Spaß dabei!

---

1. Den Übergang vom flüssigen in den gasförmigen Zustand oberhalb der Siedetemperatur nennt man Vedunstung.
2. Wenn Strahlung auf einen dunklen Körper trifft, so wird sie absorbiert.
3. Die Temperatur ist ein Maß für die Eigenbewegung der Teilchen eines Stoffes.
4. Wärmeströmung entsteht dadurch, dass stoffliche Teilchen ihre Lage verändern und dabei Wärme mit sich fortführen.
5. Metalle sind gute Wärmeströmer.
6. Je größer der Druck auf die Oberfläche einer Flüssigkeit ist, desto höher ist die Siedetemperatur dieser Flüssigkeit.
7. In der Luft wird die Wärme gut weitergeleitet.
8. Fast alle Stoffe dehnen sich bei Temperaturerniedrigung aus.
9. Ein Körper mit heller oder glänzender Oberfläche reflektiert den größten Teil der auftreffenden Temperatur.
10. Jeder Wärmetransport setzt eine Temperaturdifferenz voraus. Der Wärmetransport erfolgt stets von dem Ort höherer zum Ort tieferer Temperatur.
11. Eine Flüssigkeit verdunstet um so schneller, je größer ihre Oberfläche ist, je höher ihre Temperatur ist und je schneller der entstandene Dampf fortgeführt wird.
12. Schienen verformen sich im Sommer, weil das Äußere der Schienen bei Sonneneinstrahlung schmilzt. Wenn es abends wieder kälter wird und die Schienen wieder erstarren, geht der Stahl nicht mehr genau in seine Ausgangslage zurück.
13. Die Temperatur wird mit einem Thermometer gemessen. Die Einheiten der Temperatur sind 1 K und 1 °C.
14. Bei der Wärmeleitung und bei der Wärmestrahlung findet ein Energietransport ohne Stofftransport statt.
15. Dickwandige Gläser platzen oft beim Einfüllen von heißen Getränken. Dies kann man verhindern, wenn man die Gläser vorher einige Minuten in den Kühlschrank stellt.

Aus: Neue Rätsel im Physikunterricht, Aulis Verlag Deubner & Co KG, Köln, 2001

16. Der absolute Nullpunkt liegt bei 0 Kelvin bzw. –273 °C. Bei dieser Temperatur würden sich die Teilchen des Stoffes nicht mehr bewegen.
17. Zum Schmelzen und Verdampfen muss man Wärme zuführen. Beim Kondensieren und Erstarrren muss Wärme abgeführt werden.
18. Die Teilchen der festen Stoffe besitzen eine große Eigenbewegung. Dafür ist der Abstand zwischen den Teilchen sehr klein.
19. Es gibt folgende Aggregatzustandsänderungen: fest, flüssig, gasförmig.
20. Geht ein Körper vom festen Zustand in den flüssigen Zustand über, so bezeichnet man diesen Vorgang als Erstarren.

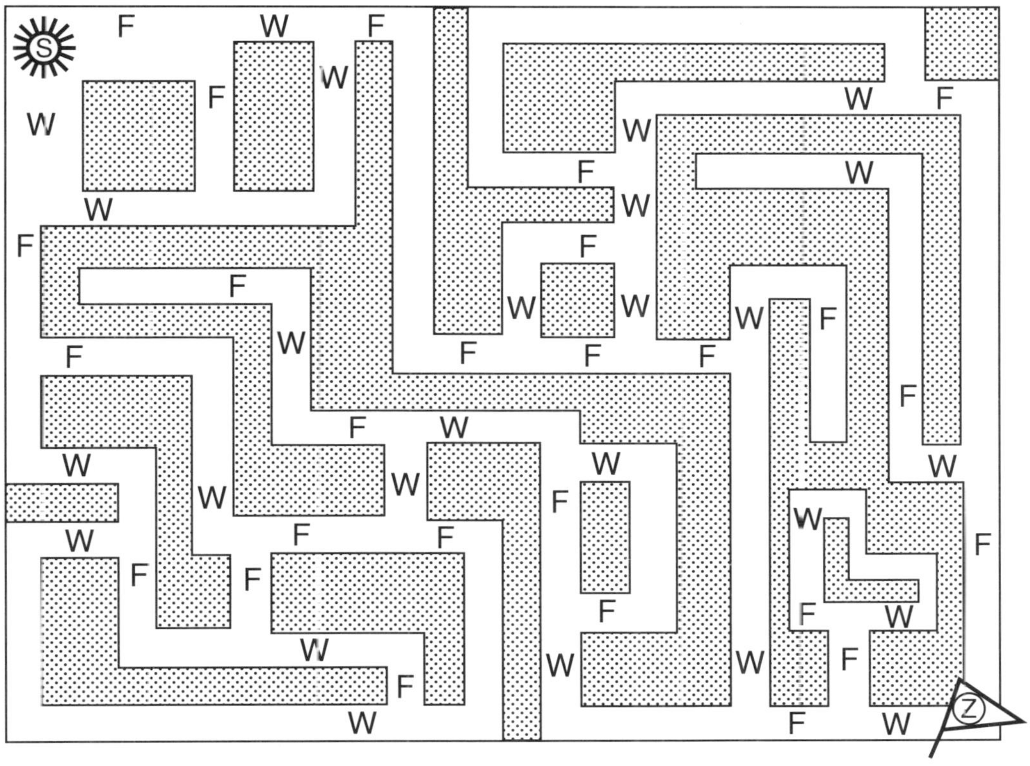

Lösung zum Rätsel 10:

1. F (oberhalb); 2. W; 3. W; 4. W; 5. F (Wärme*strömer*); 6. W; 7. F (gut); 8. F (Temperatur*erniedrigung*); 9. F (Temperatur); 10. W; 11. W; 12. F; 13. W; 14. W; 15. F (wenn man die Gläser vorher einige Minuten in den Kühlschrank stellt); 16. W; 17, W; 18. F (*große* Eigenbeweglichkeit); 19. F (Aggregatzustands*änderung*); 20. F (Erstarren).

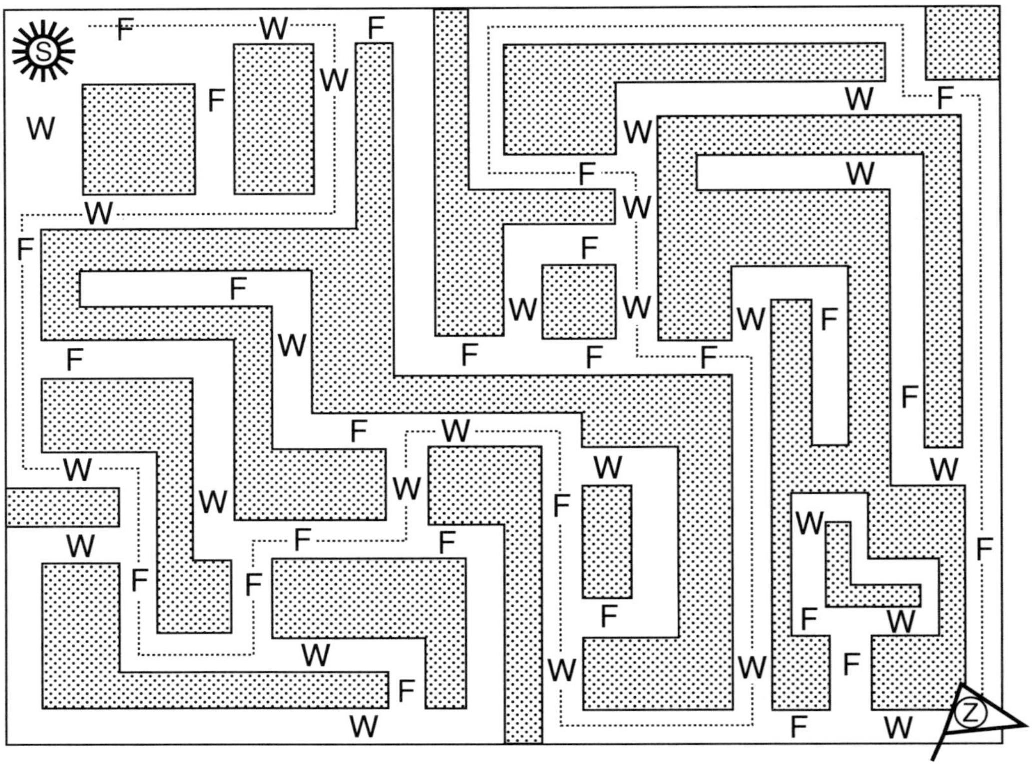

Methodische Hinweise:

Mit diesem Labyrinth zur Wärmelehre der Klasse 7/8, dessen Bearbeitung etwa 20 Minuten dauert, sollen folgende Ziele verwirklicht werden:

- Genaues Formulieren
- Genaues Lesen und Durchdenken von Sätzen und kürzeren Texten
- Festigen der Fachsprache
- Festigen von physikalischen Inhalten

Leistungsschwächere Schüler benötigen hierbei oft Hilfe. Ansonsten ist durch den Punkt 5 der Aufgabenstellung eine Differenzierung geschaffen, d. h. auch schnelle Schüler müssen sich nicht langweilen.
Das Labyrinth selber bietet mehrere Möglichkeiten. So wird den Schülern die Chance genommen, durch Raten und Ausprobieren zum Ziel zu kommen.

Dieses Rätsel muss unbedingt noch einmal im Klassenverband durchgesprochen werden, um die Fehler genau zu diskutieren und um mögliche falsche Vorstellungen bei den Schülern auszuräumen.

Fachausdrücke gesucht

– eine Rätselfigur zum Magnetismus (Rö)

In den folgenden Sätzen fehlen 15 Fachausdrücke; trage den jeweils passenden Begriff in die entsprechende Rätselspalte ein!
Wenn du dann die mit **A** gekennzeichneten Buchstaben in der angegebenen Reihenfolge in den oberen Teil des Hufeisenmagneten überträgst und die mit **B** markierten in seinen unteren Teil, so erhältst du die **beiden Lösungsworte** des Rätsels. Wie lauten sie?
Bilde mit jedem Lösungswort einen möglichst aussagekräftigen Satz!

(**9**) kommen nie einzeln vor; Magnete sind stets (**2**).
In der Nähe eines Magneten werden Gegenstände aus Eisen, Kobalt und (**1**) vorübergehend magnetisiert; diese Erscheinung heißt magnetische (**5**).
Magnetisierbare Stoffe nennt man auch (**15**).
Aus Weicheisen lässt sich kein (**10**) herstellen, aber aus Stahl.
Sind die einander genäherten Pole zweier (Stab)Magente (**13**), so erfolgt (**6**).
Im Inneren eines Hufeisenmagneten verlaufen die (**8**) parallel; ein solches (**7**) heißt (**3**).
Nahe beim geographischen (**4**) der Erde liegt ihr magnetischer Südpol; der Abweichungswinkel der Magnetnadeleinstellung von der geographischen Nordrichtung heißt Missweisung oder (**11**).
Eine stromdurchflossene Spule ist ein (**14**).
Auf einen stromdurchflossenen Leiter wird in einem Magnetfeld eine Kraft ausgeübt; sie heißt (**12**).

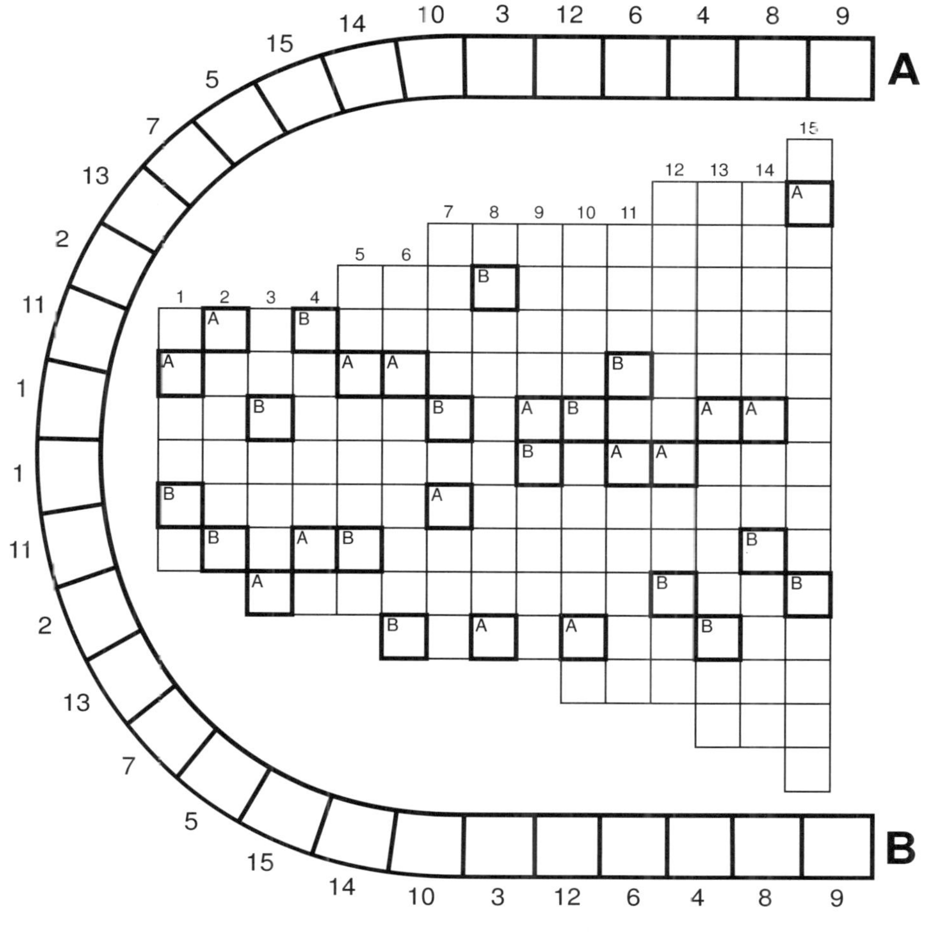

Aus: Neue Rätsel im Physikunterricht, Aulis Verlag Deubner & Co KG, Köln, 2001

Lösung und vollständiger Text zum Rätsel 11:

1. Nickel, 2. Dipole, 3. homogen, 4. Nordpol, 5. Influenz, 6. Anziehung, 7. Magnetfeld, 8. Feldlinien, 9. Magnetpole, 10. Dauermagnet, 11. Deklination, 12. Lorentzkraft, 13. ungleichnamig, 14. Elektromagnet, 15. ferromagnetisch

Lösungsworte: (A): INDIFFERENZZONE, (B): ELEMENTARMAGNET

Die Aufeinanderfolge der zu vervollständigenden Aussagen entspricht dem Verlauf einer Unterrichtsreihe zum Thema „Magnetismus", wie sie üblicherweise in den **Klassenstufen 7/8** durchgeführt wird. Mit dem Rätsel lässt sich diese Lerneinheit **wiederholen** und **abschließen**.

Da die gesuchten Begriffe im Rätselgitter nach zunehmender Länge sortiert sind, ist die Reihenfolge hier zwangsläufig anders als im Text. Die Schüler sollten sich in jedem Fall **entlang des Textes vorarbeiten**, so dass sie dessen logischen Aufbau in seiner Gesamtheit erfassen; das erleichtert das Auffinden der fehlenden Begriffe und liefert zugleich die beabsichtigte Zusammenfassung des Themas. Wenig sinnvoll (und teilweise auch gar nicht möglich) wäre dagegen der Versuch, die Rätselspalten der Reihe nach zu füllen. Die für ein sinnvolles Lösen des Rätsels angemessene **Vorgehensweise** sollte man also vorher mit den Schülern absprechen.

Mit Ausnahme der Lorentzkraft sind die Begriffe leicht zu finden; meist reichen rund **10 Minuten** dafür aus. Dann sind noch **„Sätze" mit den Lösungsworten** zu bilden; die Vorschläge dazu können gegebenenfalls in ihrer Aussagekraft miteinander verglichen und gegeneinander abgewogen werden.

Der vollständige Text lautet:

- **Magnetpole** kommen nie einzeln vor; Magnete sind stets **Dipole**.
- In der Nähe eines Magneten werden Gegenstände aus Eisen, Kobalt und **Nickel** vorübergehend magnetisiert; diese Erscheinung heißt magnetische **Influenz**.
- Magnetisierbare Stoffe nennt man auch **ferromagnetisch**.
- Aus Weicheisen lässt sich kein **Dauermagnet** herstellen, aber aus Stahl.
- Sind die einander genäherten Pole zweier (Stab)magnete **ungleichnamig**, so erfolgt **Anziehung**.
- Im Inneren eines Hufeisenmagneten verlaufen die **Feldlinien** parallel; ein solches **Magnetfeld** heißt **homogen**.
- Nahe beim geographischen **Nordpol** der Erde liegt ihr magnetischer Südpol; der Abweichungswinkel der Magnetnadeleinstellung von der geographischen Nordrichtung heißt Missweisung oder **Deklination**.
- Eine stromdurchflossene Spule ist ein **Elektromagnet**.
- Auf einen stromdurchflossenen Leiter wird in einem Magnetfeld eine Kraft ausgeübt; sie heißt **Lorentzkraft**.

Hinweis:

Der Text lässt sich für einen schriftlichen Leistungsnachweis, beispielsweise eine Hausaufgabenkontrolle, leicht zu einem Lückentext abwandeln:

Dazu lässt der Lehrer an den fraglichen Stellen gleich viel Platz zum Eintragen der fehlenden Begriffe, wodurch ganz gezielt die hilfreichen Informationen über die Wortlängen der gesuchten Fachtermini entfallen. (Die Aussage betreffs Lorentzkraft wird, falls zu schwierig, in die Lernkontrolle nicht übernommen.)

Eine unmögliche Erfindung

– ein Suchwort-Puzzle zur Wiederholung der Mechanik (He)

Hier findest du gleich zwei Rätsel. Zuerst musst du die nachfolgenden Begriffe finden, die du in dem Kasten waagerecht und senkrecht (jeweils vorwärts und rückwärts gelesen) versteckt sind. Die übrig bleibenden Buchstaben ergeben – hintereinander gelesen – das Lösungswort.

Erstes Rätsel

AQUAPLANING – ATOM – NEWTON – ROLLE – KRAFT – GAS – NÄSSE – GEWICHT – FALL – FEDERKRAFT – FLASCHENZUG – KLINGEL – LAST – GLEITREIBUNG – HAFTREIBUNG – HEBEL – UHR – LAGEENERGIE – LEISTUNG – LICHT – MASSE – ENERGIE

H	E	B	E	L	T	H	C	I	W	E	G
A	Q	U	A	P	L	A	N	I	N	G	F
F	E	I	G	R	E	N	E	E	G	A	L
T	F	A	R	K	M	A	S	S	E	P	A
R	T	F	A	R	K	R	E	D	E	F	S
E	E	A	R	N	E	W	T	O	N	P	C
I	E	L	L	E	I	S	T	U	N	G	H
B	K	L	I	N	G	E	L	G	A	S	E
U	H	R	C	T	R	O	L	L	E	U	N
N	U	M	H	M	E	O	A	T	O	M	Z
G	B	I	T	L	N	Ä	S	S	E	E	U
G	N	U	B	I	E	R	T	I	E	L	G

Trage jetzt das Lösungswort silbenweise ein und finde Begriffe aus der Physik, die mit den Buchstaben der Silben beginnen.

Zweites Rätsel

Lösungswort

↓

Aus: Neue Rätsel im Physikunterricht, Aulis Verlag Deubner & Co KG. Köln, 2001

Lösung zum Puzzle 12:

H	E	B	E	L	T	H	C	I	W	E	G
A	Q	U	A	P	L	A	N	I	N	G	F
F	E	I	G	R	E	N	E	E	G	A	L
T	F	A	R	K	M	A	S	S	E	**P**	A
R	T	F	A	R	K	R	E	D	E	F	S
E	**E**	A	**R**	N	E	W	T	O	N	**P**	C
I	**E**	L	L	E	I	S	T	U	N	G	H
B	K	L	I	N	G	E	L	G	A	S	E
U	H	R	C	**T**	R	O	L	L	E	**U**	N
N	**U**	**M**	H	**M**	E	**O**	A	T	O	M	Z
G	**B**	**I**	T	**L**	N	Ä	S	S	E	**E**	U
G	N	U	B	I	E	R	T	I	E	L	G

Lösungswort: PERPETUUM MOBILE

Didaktische Hinweise:
Das Rätsel eignet sich für den Lernbereich Mechanik in Klasse 7 (bzw. 9). Der zweite Rätselteil ist für die Schüler vorgesehen, die sehr schnell mit dem Finden der Begriffe fertig sind und das Lösungswort beizeiten erhalten. Alternativ kann man im zweiten Teil auch nach Begriffen aus anderen Fächern oder aus Bereichen des täglichen Lebens fragen. Setzt man das Rätsel in oberen Klassenstufen ein, wird die Anzahl der Begriffe, die mit den Buchstaben der Silben des Lösungswortes beginnen, deutlich zunehmen.

Beispiele:

P E R	*Personenwaage, Periode, Permanentmagnet, Permeabilität, ...*
P E	*Pendel, Periodensystem, Periodendauer, Peilung, Periskop, ...*
T U	*Tubus, Turbulenz, Tuner, Turbolader, Tunneleffekt, ...*
U M	*Umdrehung, Umlaufzeit, Umwelt, Umluft, ...*
M O	*Motor, Modell, Mond, Molekül, Modulation, Momentanwert, ...*
B I	*Bimetallstreifen, Bild, Bikonkavlinse, Binokel, Bit, Bifilarpendel, ...*
L E	*Leistung, Leuchtstofflampe, Leerlauf, Lenzsches Gesetz, ...*

Was wird daraus?
– ein Buchstabensalat zum Auftrieb (Gö/Go)

In den nachfolgenden Feldern sind die Buchstaben des Alphabetes aufgeführt – allerdings fehlen einige.

Suche die fehlenden Buchstaben heraus!

Die fehlenden Buchstaben, in richtiger Reihenfolge angeordnet, ergeben einen physikalischen Begriff aus dem Unterrichtsabschnitt „Druck“.

Q z O **P** S
d
G *N* J
K L Y
x C
V *m* W
h

Fehlende Buchstaben: ....

1. Lösungswort: ....

j K L
q T
f ***A*** G
O Z
X **R**
V **P** u *y*
b *D*

Fehlende Buchstaben: ....

2. Lösungswort: ....
(*Ein* Buchstabe muss *zwei*mal verwendet werden.)

Lösung zum Rätsel 13:

Fehlende Buchstaben:	A, B, E, F, I, R, T, U
1. Lösungswort:	AUFTRIEB
Fehlende Buchstaben:	C, E, H, I, M, N, S, W
2. Lösungswort:	SCHWIMMEN

Didaktische Bemerkungen:

Die beiden Lösungswörter wurden von uns so gewählt, dass dieses Rätsel als Auftakt für die Behandlung des „Schwimmens" gewählt werden kann. Der Begriff Auftrieb ist aus dem vorangegangenen Unterricht geläufig.
Wurden auch die Phänomene Schweben, Sinken, Steigen bereits behandelt, so kann sich an das Rätsel die physikalische Erarbeitung des Schwimmens als eine besondere Form des Schwebens anschließen.

Diese Rätselform kann ohne große Mühe von der Lehrerin/vom Lehrer oder auch von Schülerinnen und Schülern für andere Lösungswörter variiert werden. Dabei ist darauf zu achten, dass im gesuchten Begriff (wie beim „Schwimmen") Buchstaben mehrfach auftreten können. Ein Hinweis für die Ratenden ist dann angebracht.
Derartige Rätsel sind in allen Phasen des Unterrichts einsetzbar, bedingt – wie in obigem Beispiel – auch zur Neueinführung eines Begriffes. Es muss aber ein Begriff sein, der dem Schüler bereits bekannt ist. Infrage kommen Begriffe aus dem Alltag, wie eben „Schwimmen" oder „Mikroskop", die im Unterricht genauer behandelt werden sollen.

Weitere Hinweise:

Dieses Begriffsfindungsrätsel hat im Vergleich zum Beispiel „Kräftig Schütteln" einen höheren Schwierigkeitsgrad. Zunächst sind die Buchstaben des Wortes nicht vorgegeben, sondern sind selbst zu finden. Dann gibt es keinerlei Anhaltspunkte für die richtige Reihenfolge. Lediglich das Sachgebiet ist angegeben.

Die Formulierung der Aufgabe und die Buchstaben können den Schülern auf einem Arbeitsblatt (Kopie Schülerseite), einer Folie oder auch an der Wandtafel gegeben werden.

Besondere Kreativität entwickelten die Schüler bei Erprobungen, wenn sie selbst das Rätsel entwerfen konnten, weil nur der Begriffspool festgelegt wurde.

Gebremste Ladungsträger

– ein Suchwort-Puzzle zur Elektrizitätslehre (He)

In dem Suchrätsel sind waagerecht und senkrecht (jeweils vorwärts oder rückwärts gelesen) die nachfolgenden Begriffe versteckt (Ä = AE, Ü = UE):

AMPERE · ATOM · BATTERIE · ELEKTRONEN · GLUEHLAMPE · HOCHSPANNUNG · LADUNG · LEISTUNG · LEITER · PARALLEL · PLUSPOL · SCHALTPLAN · STECKDOSE · STROMSTAERKE · VOLT · WATT · WECHSELSTROM

G	N	U	N	N	A	P	S	H	C	O	H
L	T	T	A	W	M	O	T	A	R	P	L
U	P	B	V	E	P	L	E	E	E	A	A
E	L	A	O	G	E	K	C	T	T	R	D
H	U	T	L	N	R	R	K	I	I	A	U
L	S	T	T	U	E	S	D	C	E	L	N
A	P	E	H	T	E	R	O	W	L	L	G
M	O	R	T	S	L	E	S	H	C	E	W
P	L	I	I	I	D	E	E	R	S	L	T
E	A	E	L	E	K	T	R	O	N	E	N
N	D	N	A	L	P	T	L	A	H	C	S
S	T	R	O	M	S	T	A	E	R	K	E

Die übrig bleibenden Buchstaben ergeben – hintereinander gelesen – den Lösungsbegriff.

Lösungsbegriff (2 Wörter):

Lösung und Ergänzungsvorschlag zum Puzzle 14:

G	N	U	N	N	A	P	S	H	C	O	H
L	T	T	A	W	M	O	T	A	R	P	L
U	P	B	V	**E**	P	**L**	E	**E**	E	A	A
E	L	A	O	G	E	**K**	C	**T**	T	R	D
H	U	T	L	N	R	**R**	K	**I**	I	A	U
L	S	T	T	U	E	**S**	D	**C**	E	L	N
A	P	E	**H**	T	**E**	**R**	O	**W**	L	L	G
M	O	R	T	S	L	E	S	H	C	E	W
P	L	I	**I**	I	**D**	**E**	E	**R**	**S**	L	**T**
E	**A**	E	L	E	K	T	R	O	N	E	N
N	**D**	N	A	L	P	T	L	A	H	C	S
S	T	R	O	M	S	T	A	E	R	K	E

Lösungswort: ELEKTRISCHER WIDERSTAND

Didaktische Hinweise:

Das Rätsel eignet sich für den Einsatz im Lernbereich Elektrizitätslehre der Klasse 8, weil hier die Erarbeitung des elektrischen Widerstandes erfolgt.

Sehr viel schwieriger wird das Puzzle, wenn man vor dem Kopieren die Liste der Begriffe abdeckt.

Ergänzungsvorschlag:

Man lässt die Schüler neue Begriffe – nicht nur aus der Physik – bilden, die das Wort „Widerstand" enthalten. Sieger ist, wer die meisten Begriffe findet.

Beispiele:

Widerstandsgesetz, Widerstandsthermometer, Drehwiderstand, Schiebewiderstand, Widerstandsbewegung, widerstandsfähig, Widerstandsmessung, ...

Wer passt zu wem?
– eine Spielanleitung für Memory-Spiele mit Beispielen zur Mechanik (Fr)

1. Die Schülerinnen und Schüler werden in 3 bis 5 Gruppen eingeteilt.
2. Die Namen der Gruppen und folgendes Schema werden an die Tafel geschrieben:

	1	2	3	4
A				
B				
C				
D				

3. Die erste Gruppe wählt zwei Felder.
4. Der Inhalt der beiden Felder wird an die Tafel geschrieben (alternativ: nur genannt; ist aber sehr schwierig).
5. Wenn die beiden Felder ein Paar ergeben und die Schüler es als Paar erkennen, bekommen sie einen Punkt, und die Felder werden gestrichen.
6. Wenn die Schüler ein falsches Paar identifizieren, wird ihnen ein Punkt abgezogen.
7. Danach ist das nächste Team an der Reihe.
8. Gewonnen hat das Team mit den meisten Punkten.

Memory Mechanik

1 W	Leistung	1 m	E
1 N	S	F	Masse
W	Energie	Arbeit	1 s
1 kg	Zeit	v	Geschwindigkeit

Einheiten-Memory

10 J	1 W	0,010 kN	10 N
1 J/s	10 Nm	10.000 N	0,010 MN
1 Ws	1 J	100 N	100 kg · m/s²
1 kg	0,1 kW	100 W	1000 g

Beide Spiele könnte man in der 8. Klasse spielen, wenn man die physikalischen Größen der Mechanik eingeführt hat.

Spielidee „Glücksrad“
– ein Kreuzworträtsel zur Mechanik (Go/Gö)

Nenne gemeinsam mit deinen Mitschülern fünf Konsonanten und einen Vokal!
Der Spielleiter schreibt, wenn die genannten Buchstaben in den Lösungswörtern vorkommen, diese an die richtige Stelle in sein für alle sichtbares Schema.
Ergänze dein eigenes Schema entsprechend!

Suche für folgendes Raster die fehlenden Begriffe in den vorgegebenen Kategorien!

Wer hat am schnellsten alle leeren Felder richtig ausgefüllt?

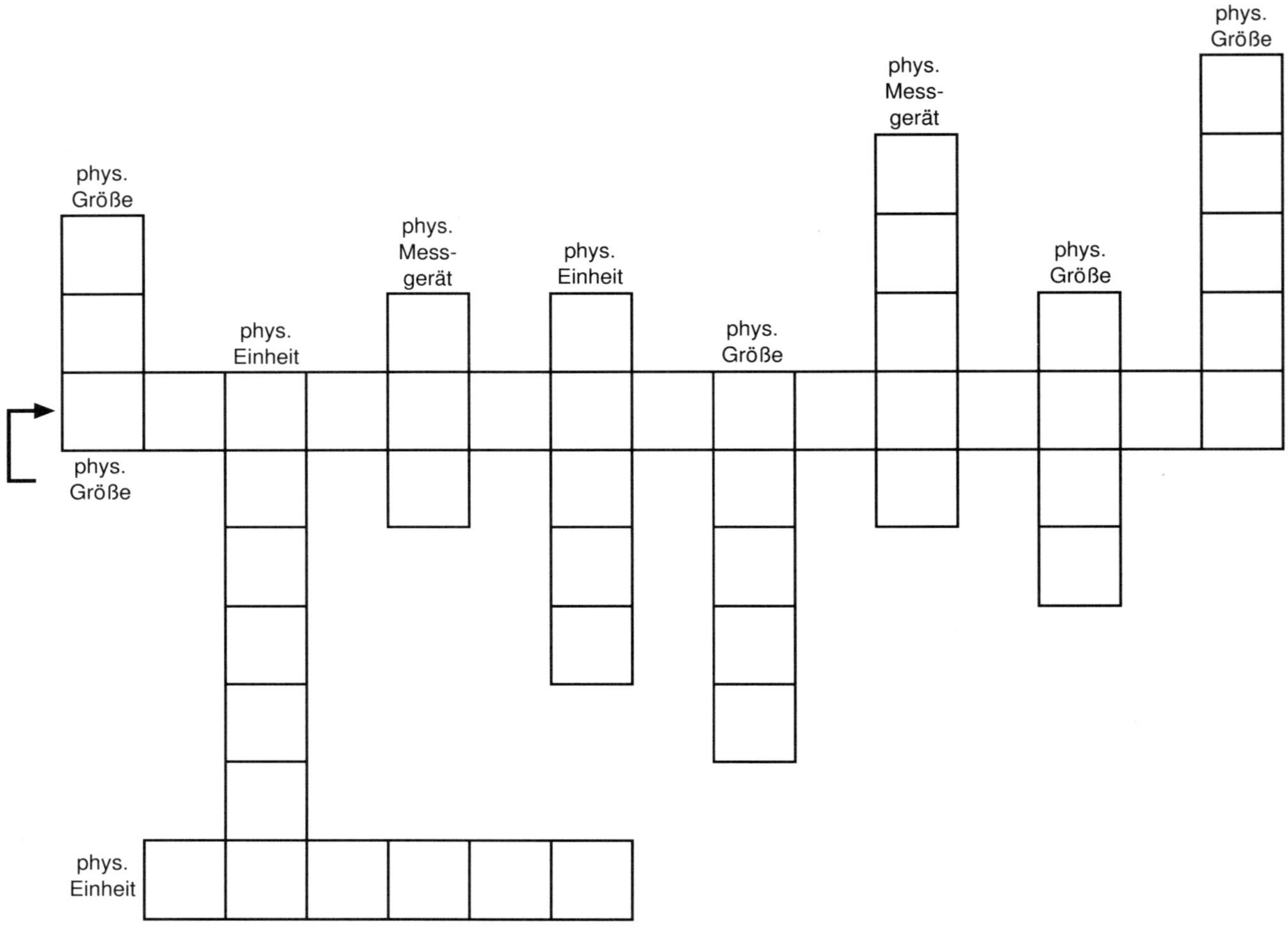

Aus: Neue Rätsel im Physikunterricht, Aulis Verlag Deubner & Co KG, Köln, 2001

Hinweise zum Rätsel 16:

Das Raster kann für den Spielleiter auf eine Folie oder an die Tafel gezeichnet werden.
Die Schüler erhalten das Schema als Arbeitsblatt.

Zunächst werden einige Schüler ausgewählt, die die einzutragenden Buchstaben nennen (fünf Konsonanten und ein Vokal).

Der Spielleiter nimmt das Eintragen an der Tafel vor, damit jeder Schüler erkennt, wohin die genannten Buchstaben zu setzen sind.

Jetzt beginnt die Phase des Ratens (entweder jeder Schüler für sich allein oder Arbeit in kleinen Gruppen). Es ist wegen möglicher Korrekturen günstig, die Schüler mit Bleistift arbeiten zu lassen.
Sieger ist, wer als erster die richtige Lösung präsentieren kann.

Denkbar wären z. B. folgende Buchstaben:

N, T, S, L, W, A.

Es ist eine beliebige Auswahl möglich.
Folgendes Bild würde sich in diesem Fall ergeben:

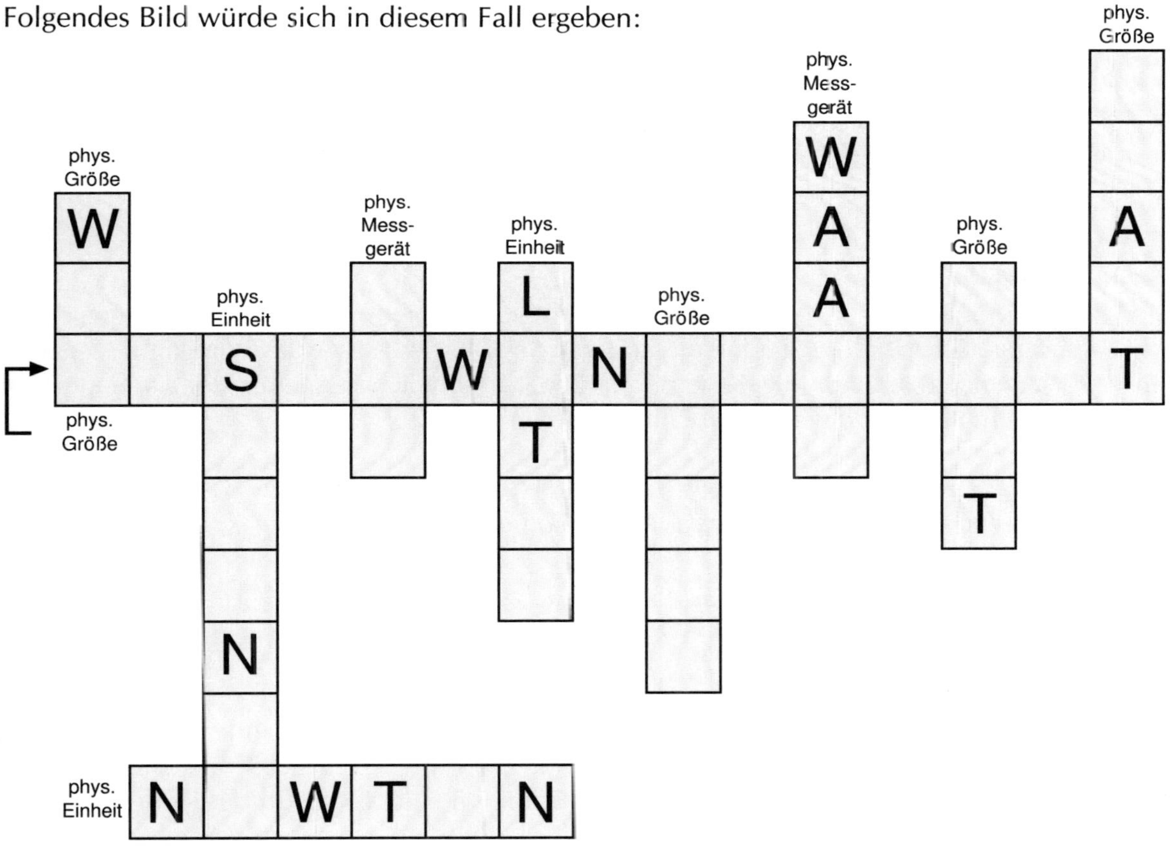

Nach unseren Erfahrungen ist der Wettbewerbscharakter (Wer ist der Erste?) im Allgemeinen ausreichend, um intensive Handlungen der Schüler auszulösen. Zusätzliche Anreize, die der Kreativität jedes Spielleiters überlassen bleiben, können durchaus aktivitätsfördernd sein.

Die Lösung lautet:

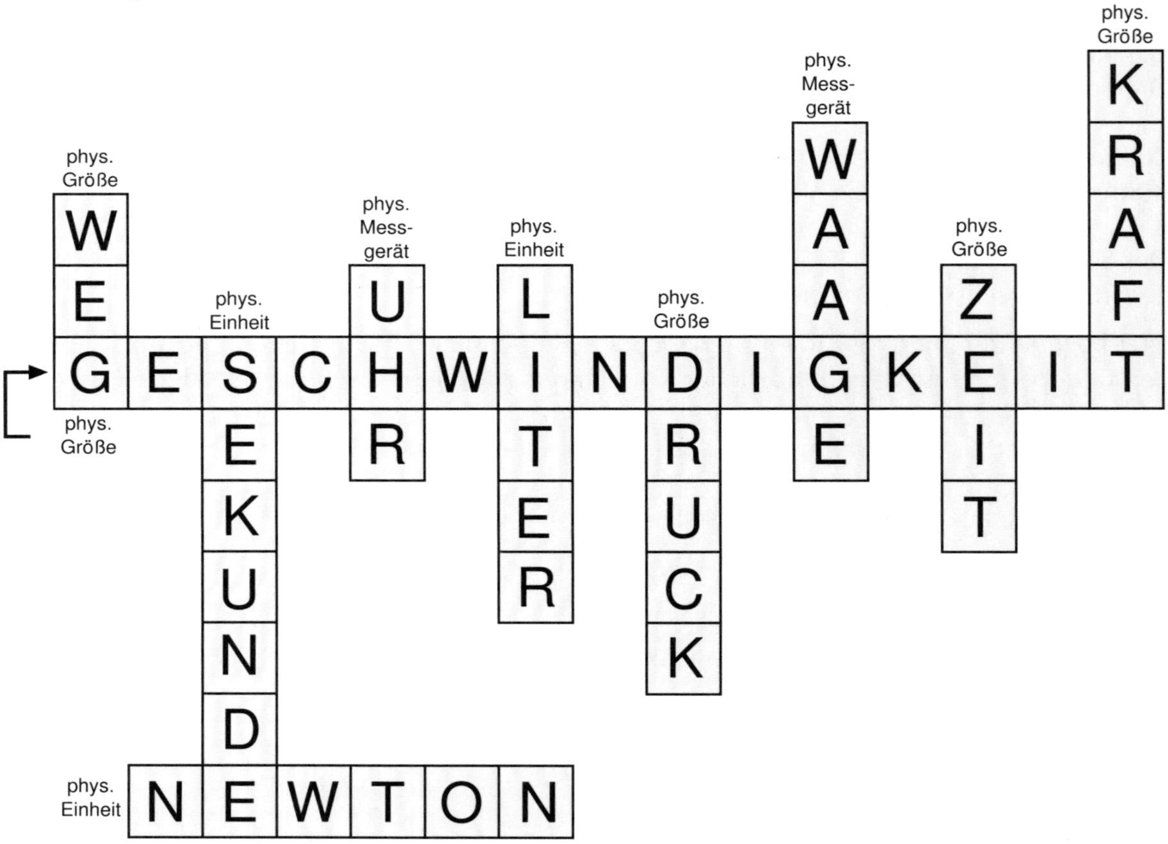

Weitere Hinweise:

Eine andere Möglichkeit ist, dass eine kleine Schülergruppe (von z. B. drei Schülern) gebildet wird. Diese Schüler sind die Spieler, die anderen Schüler der Klasse das Publikum. Gegeben sind die leeren Felder und die Kategorien (Größe, Einheit, Messgerät) der zu findenden Begriffe (Schema der Schülerseite auf Folie kopieren!).

Die Schülergruppe nennt eine bestimmte Anzahl von Konsonanten (z. B. fünf) und einen Vokal, die, wenn sie in den Lösungswörtern vorkommen, vom Spielleiter in das Gitter eingetragen werden.

Sind die genannten Buchstaben im Schema eingetragen, läuft die Uhr. Der Schülergruppe steht für die komplette Lösung eine vorgegebene Zeit zur Verfügung (z. B. 60 Sekunden). Diese Zeit wird durch die Anzahl der Mitspieler dividiert (in dem vorgeschlagenen Beispiel 60 s : 3 = 20 s). Jedem der drei Schüler würden in diesem Fall 20 Sekunden zum Raten der Begriffe zur Verfügung stehen. Für Schüler 1 laufen die ersten 20 Sekunden. Richtig genannte Begriffe werden vom Spielleiter eingetragen. Dann wäre Schüler 2 an der Reihe, usw.
Diese letzte Spielvariante lässt es auch zu, mehrere Gruppen gegeneinander antreten zu lassen. In diesem Fall müssten die nicht ratenden Schüler „schallsicher" vor dem Fachraum warten (evtl. einen zusätzlichen Schiedsrichter abstellen; Aufsichtpflicht!).

Didaktische Bemerkungen:
Eine didaktische Erweiterung des eigentlichen Rätsels wäre es, eine Tabelle anzulegen, in welche die gefundenen Begriffe einzutragen sind. Hierzu können in jeder Spielvariante alle Schüler einbezogen werden.

phys. Größe	phys. Einheit	phys. Messgerät
Weg		
Geschwindigkeit		
Zeit	Sekunde	Uhr
Kraft	Newton	
	Liter	
Druck		
		Waage

Folgende Fragestellungen bzw. Aufgaben sind dann möglich:
1. Welche Größe ist vollständig beschrieben?
2. Bei welcher Größe fehlen ein oder zwei Angaben?
3. Wie heißen die fehlenden Größen?
4. Ergänze die offenen Felder der Tabelle!

Eine mögliche Lösung lautet:

phys. Größe	phys. Einheit	phys. Messgerät
Weg	*Meter*	*Zollstock (Gliedermaßstab)* Lineal
Geschwindigkeit	*Meter / Sekunde*	*Tachometer*
Zeit	Sekunde	Uhr
Kraft	Newton	*Kraftmesser*
Volumen	Liter	*Messzylinder*
Druck	*Pascal*	*Manometer*
Masse	*Kilogramm*	Waage

Blinder Passagier
– ein Strategierätsel zur Anfangsphysik (Go/Gö)

In den folgenden Wortgruppen ist jeweils ein „blinder Passagier“ versteckt, der nicht in die Gruppe „passt“.
Das Ziel ist, möglichst alle versteckten „Fehlstellen“ ausfindig zu machen. Dazu ist die Strategie der Gruppensystematik, die der Autor bei der Auswahl der Wortgruppen verwendet hat, zu ergründen, um so den „eingeschmuggelten“ Begriff zu finden.
Die „blinden Passagiere“ sind so gewählt worden, dass ihre Anfangsbuchstaben einen neuen Begriff ergeben (Lösungswort).

Unterstreiche die „blinden Passagiere“!
Suche das Lösungswort!

Gruppe A:	Ohm – Meter – Okular – Sekunde
Gruppe B:	Waage – Pascal – Barometer – Uhr
Gruppe C:	Spannung – Stromstärke – Weg – Thermometer
Gruppe D:	Infrarot – Motor – Mikrofon – Mikroskop
Gruppe E:	Kalorie – Knall – kondensieren – Kelvin

Zusatzaufgabe:
Nach welchem Gesichtspunkt ist die Gruppe zusammengestellt (Gruppensystematik)?
Wie heißt danach der „blinde Passagier“?
Welcher physikalische Hintergrund (physikalische Bedeutung) ist dir bekannt?
Nutze die Tabelle zum Niederschreiben deiner Erkenntnisse!

	Gruppensystematik	**„Blinder Passagier“**/ physikalischer Hintergrund
Gruppe A		
Gruppe B		
Gruppe C		
Gruppe D		
Gruppe E		

Aus: Neue Rätsel im Physikunterricht, Aulis Verlag Deubner & Co KG, Köln, 2001

Lösung zum Rätsel 17:

Gruppe A: **O**kular
Gruppe B: **P**ascal
Gruppe C: **T**hermometer
Gruppe D: **I**nfrarot
Gruppe E: **K**nall **Lösungswort:** OPTIK

Hinweise:

Zur Erhöhung des didaktischen Wertes kann von den Schülern eine Begründung (Zusatzaufgabe) gefordert werden. Dazu muss die erkannte Strategie der Systematik verbalisiert werden, um so den „blinden Passagier" zu identifizieren.

Darüber hinaus kann nach dem Sinn, Inhalt oder physikalischen Hintergrund zum „blinden Passagier" gefragt werden.

Unter diesen Gesichtspunkten wäre folgende Analyse des obigen Beispiels möglich:

	Gruppensystematik	**„Blinder Passagier"**/ physikalischer Hintergrund
Gruppe A	physikalische Einheiten	**Okular** ist die dem Auge zugewandte Linse in einem optischen Gerät
Gruppe B	Messgeräte	**Pascal**: SI-Einheit des Druckes 1 Pa = 1 N/m^2 BLAISE PASCAL: Mathematiker und Physiker (1623 – 1662)
Gruppe C	physikalische Größen	**Thermometer** ist ein Messgerät für die Temperatur
Gruppe D	technische Geräte oder: Worte mit „M" am Anfang	**Infrarot** ist ein unsichtbarer Teil des Lichtspektrums Infrarot beginnt mit „I"
Gruppe E	Begriffe aus der Wärmelehre oder evtl.: Worte mit großem „K" am Anfang	**Knall** Hörempfindung beim Auftreffen einer sehr kurzen, aber heftigen Druckschwankung auf das Ohr [**kondensieren** Aggregatzustandsänderung von gasförmig zu flüssig]

Der Gestaltungsspielraum, den ein Rätselautor hat, ist hierbei nahezu unbegrenzt.

Probieren Sie es einmal!

Wir haben zum Eingewöhnen versucht, die Gruppe A, B und C ohne Tücken zu gestalten. Die Gruppe D lässt bereits zwei verschiedene Lösungswege erkennen, die zum gleichen Ziel führen. Der Gruppe E liegen zwei Gestaltungsstrategien zugrunde, die zur Identifizierung unterschiedlicher „blinder Passagiere" führen – nur die physikalisch begründete wird hier von uns als richtige angesehen. Dieser Meinung muss man sich nicht anschließen. Vielmehr erhöht das Akzeptieren beider Lösungen die Menge der wiederholten Inhalte.

Textaufgaben – (k)ein Problem

– formales Lösen von Textaufgaben (Fr)

1. Suche eine Formel, in der die verwendeten physikalischen Größen auftreten.
2. Stelle die Formel nach der gesuchten Größe um! Schreibe die umgestellte Formel in die Tabelle (Spalte Lösungen).
3. Setze die gegebenen Größen in die Formel ein. Achte dabei auf die Einheiten.
4. Löse nun die Gleichung. Gib die Lösung in der richtigen Einheit an. (Falls jemand mit der Formel F = m · g rechnen will, muss er für g = 10 m/s² einsetzen.)
5. Fülle die Zahlenfelder in dem Suchbild aus, in denen die Ergebnisse deiner Berechnungen stehen.

geg	ges	Lösung	geg	ges	Lösung
s = 10 m t = 5 s	v = $\frac{m}{s}$		m = 400 g	F = N	
s = 500 m t = 100 s	v = $\frac{km}{h}$		m = 5 t	F = N	
v = 100 $\frac{km}{h}$ s = 500 km	t = h		F = 0,8 N	m = kg	
v = 50 $\frac{m}{s}$ s = 300 m	t = s		F = 13 kN	m = kg	
v = 6 $\frac{km}{h}$ t = $2\frac{1}{2}$ h	s = km		W = 40 J F = 800 N	s = m	
v = 72 $\frac{km}{h}$ t = 10 min	s = m		W = 4 kNm F = 10 kN	s = m	
F = 8 N s = 400 m	W = J		W = 170 J s = 10 m	F = N	
F = 3 kN s = 50 m	W = kJ		W = 720 kJ s = 30 m	F = kN	
W = 280 Nm t = 4 s	P = W		m = 6,2 g v = 2 cm^3	ρ = $\frac{g}{cm^3}$	
W = 6 kJ t = 1 min	P = W		m = 1,8 t V = 1 m^3	ρ = $\frac{g}{cm^3}$	
P = 60 W t = 10 s	W = J		ρ = 1,5 $\frac{g}{cm^3}$ m = 15 g	V = cm^3	
P = 51000 W t = 2 s	W = kJ		ρ = 1,3 $\frac{g}{cm^3}$ m = 1,3 kg	V = cm^3	
P = 50 W W = 4000 J	t = s		V = 4 cm^3 ρ = 2,1 $\frac{g}{cm^3}$	m = g	
P = 160 W W = 80 Nm	t = s		V = 5 m^3 ρ = 2,5 $\frac{g}{cm^3}$	m = kg	

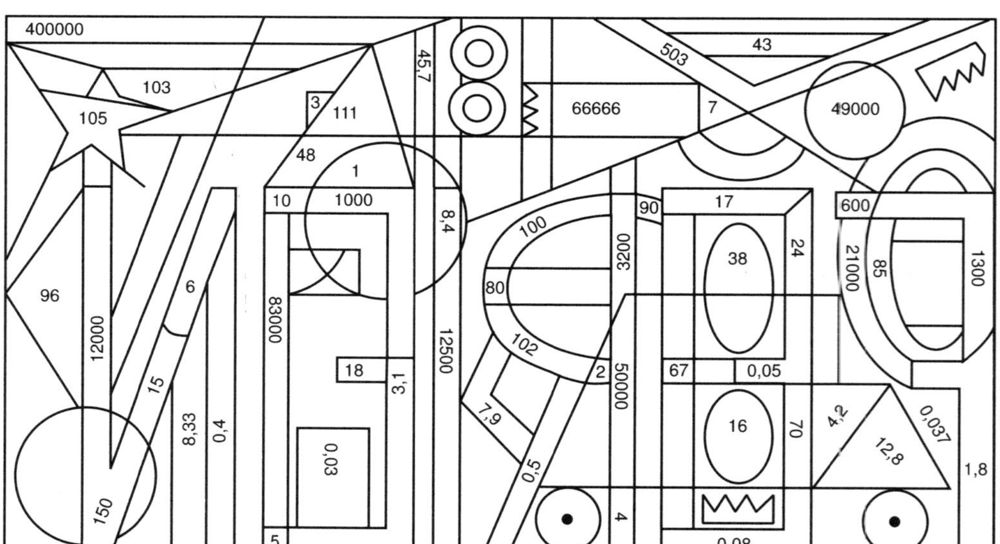

Aus: Neue Rätsel im Physikunterricht, Aulis Verlag Deubner & Co KG, Köln, 2001

Lösung zum Rätsel 18:

Dieses Rätsel kann man am Ende der Behandlung der Mechanik in Klasse 8 benutzen.
Schüler dieser Altersklasse haben meist Probleme, Textaufgaben zu lösen. Dabei bestehen folgende Schwierigkeiten:

1. Herausfinden der gegebenen und gesuchten Größen aus dem Text
2. Umschreiben der Angaben in die Sprache der Physik (Formelzeichen und Einheiten)
3. Finden der notwendigen Formel
4. Umstellen der Formel
5. Einsetzen in die Formel (mit den richtigen Einheiten)
6. Ausrechnen
7. Überprüfen, ob die Lösung physikalisch sinnvoll ist

geg	ges	Lsg	geg	ges	Lsg
s = 10 m t = 5 s	$v = 2\,\frac{m}{s}$	$v = \frac{s}{t}$	m = 400 g	F = 4 N	$F = m \cdot 10\,\frac{N}{kg}$
s = 500 m t = 100 s	$v = 18\,\frac{km}{h}$	$v = \frac{s}{t}$	m = 5 t	F = 50000 N	$F = m \cdot 10\,\frac{N}{kg}$
$v = 100\,\frac{km}{h}$ s = 500 km	t = 5 h	$t = \frac{s}{v}$	F = 0,8 N	m = 0,08 kg	$m = \frac{F\ kg}{10\ N}$
$v = 50\,\frac{m}{s}$ s = 300 m	t = 6 s	$t = \frac{s}{v}$	F = 13 kN	m = 1300 kg	$m = \frac{F\ kg}{10\ N}$
$v = 6\,\frac{km}{h}$ $t = 2\frac{1}{2}$ h	s = 15 km	$s = v \cdot t$	W = 40 J F = 800 N	s = 0,05 m	$s = \frac{W}{F}$
$v = 72\,\frac{km}{h}$ t = 10 min	s = 12000 m	$s = v \cdot t$	W = 4 kNm F = 10 kN	s = 0,4 m	$s = \frac{W}{F}$
F = 8 N s = 400 m	W = 3200 J	$W = F \cdot s$	W = 170 J s = 10 m	F = 17 N	$F = \frac{W}{s}$
F = 3 kN s = 50 m	W = 150 kJ	$W = F \cdot s$	W = 720 kJ s = 30 m	F = 24 kN	$F = \frac{W}{s}$
W = 280 Nm t = 4 s	P = 70 W	$P = \frac{W}{t}$	m = 6,2 g $v = 2\ cm^3$	$\rho = 3{,}1\,\frac{g}{cm^3}$	$\rho = \frac{m}{V}$
W = 6 kJ t = 1 min	P = 100 W	$P = \frac{W}{t}$	m = 1,8 t $V = 1\ m^3$	$\rho = 1{,}8\,\frac{g}{cm^3}$	$\rho = \frac{m}{V}$
P = 60 W t = 10 s	W = 600 J	$W = P \cdot t$	$\rho = 1{,}5\,\frac{g}{cm^3}$ m = 15 g	$V = 10\ cm^3$	$V = \frac{m}{\rho}$
P = 51000 W t = 2 s	W = 102 kJ	$W = P \cdot t$	$\rho = 1{,}3\,\frac{g}{cm^3}$ m = 1,3 kg	$V = 1000\ cm^3$	$V = \frac{m}{\rho}$
P = 50 W W = 4000 J	t = 80 s	$t = \frac{W}{P}$	$V = 4\ cm^3$ $\rho = 2{,}1\,\frac{g}{cm^3}$	m = 8,4 g	$m = \rho \cdot V$
P = 160 W W = 80 Nm	t = 0,5 s	$t = \frac{W}{P}$	$V = 5\ m^3$ $\rho = 2{,}5\,\frac{g}{cm^3}$	m = 12500 kg	$m = \rho \cdot V$

Mit diesem Rätsel werden die Punkte 3, 4, 5 und 6 geübt.
Das Rätsel ist so gestaltet, dass alle Formeln der Mechanik der Klasse 8 auftreten und dabei alle physikalischen Einheiten zweimal gesucht werden. Beim ersten Mal müssen keine Einheiten umgerechnet werden, beim zweiten Mal kommt diese Schwierigkeit hinzu.
Das Rätsel wird bei vielen Schülern eine Unterrichtsstunde in Anspruch nehmen und ggf. auch als Hausaufgabe beendet werden müssen. Es könnte deshalb sinnvoll sein, dieses Rätsel in Partnerarbeit lösen zu lassen.

„Spannendes“

– ein Suchwort-Puzzle zu Grundbegriffen aus der E-Lehre (Fr)

R	S	T	R	O	M	K	R	E	I	S	I	H	H	M	H	O
H	E	L	E	M	E	N	T	A	R	L	A	D	U	N	G	R
D	D	I	G	I	A	R	E	T	I	E	L	S	S	I	E	H
W	S	C	H	A	L	T	E	R	O	K	B	H	B	M	E	J
Z	T	E	S	E	G	S	D	N	A	T	S	R	E	D	I	W
E	N	E	T	O	N	K	P	L	V	O	L	T	M	E	R	T
L	S	P	U	L	E	S	T	A	T	A	Z	C	W	P	E	N
E	Y	I	O	N	H	L	C	Y	N	T	A	A	D	M	T	E
K	V	A	M	P	E	R	E	H	O	N	T	G	C	A	T	M
T	N	H	L	I	W	K	A	R	A	T	U	T	E	L	A	E
R	R	O	T	A	L	O	S	I	T	L	S	N	I	H	B	L
O	Q	E	L	E	K	T	R	O	L	Y	T	H	G	E	Q	E
N	R	R	C	O	U	L	O	M	B	R	V	U	T	U	O	U
G	L	P	O	K	S	O	R	T	K	E	L	E	N	L	Z	A
L	A	D	U	N	G	S	T	R	E	N	N	U	N	G	T	B

In diesem Suchwort-Puzzle sind 24 Begriffe der E-Lehre versteckt. Finde sie!
Die gesuchten Begriffe können waagerecht, senkrecht, diagonal, ineinander übergehend oder auch rückwärts in dem Puzzle verborgen sein. Gefundene Begriffe werden im Gitter markiert oder umrandet.
Von den restlichen Buchstaben ergeben der erste und dann jeder zweite, zeilenweise gelesen, einen bekannten Spruch:

__ __ __   __ __   __ __ __   __ __ __ __ __

__ __ __ __   __ __ __ __   __ __ __   __ __ __ __ .

Einfachere Variante: Die Wortliste wird mitkopiert.

1. Widerstandgesetz
2. Ladungstrennung
3. Reihenschaltung
4. Elementarladung
5. Teilspannung
6. Heissleiter
7. Elektroskop
8. Gluehlampe
9. Bauelement
10. Elektrolyt
11. Stromkreis
12. Kaltleiter
13. Batterie
14. Elektron
15. Isolator
16. Schalter
17. Coulomb
18. Knoten
19. Ampere
20. Spule
21. Watt
22. Volt
23. Ohm
24. Ion

Gefundene Begriffe werden aus der Wortliste herausgestrichen und im Gitter markiert oder umrandet.

Aus: Neue Rätsel im Physikunterricht, Aulis Verlag Deubner & Co KG, Köln, 2001

Lösung zum Rätsel 19:

R	S	T	R	O	M	K	R	E	I	S	**I**	H	**H**	M	H	O
H	E	L	E	M	E	N	T	A	R	L	A	D	U	N	G	**R**
D	**D**	I	G	I	**A**	R	E	T	I	E	L	S	S	I	E	H
W	S	C	H	A	L	T	E	R	**O**	K	B	**H**	B	**M**	E	J
Z	T	E	S	E	G	S	D	N	A	T	S	R	E	D	I	W
E	N	E	T	O	N	K	P	L	V	O	L	T	**M**	E	R	T
L	S	P	U	L	E	S	T	A	T	**A**	Z	**C**	W	P	E	N
E	Y	I	O	N	**H**	L	C	Y	N	**T**	A	A	**D**	M	T	E
K	V	A	M	P	E	R	E	H	**O**	N	T	G	**C**	A	T	M
T	N	**H**	L	I	**W**	K	**A**	R	A	T	U	**T**	E	L	A	E
R	R	O	T	A	L	O	S	I	**T**	L	S	N	**I**	H	B	L
O	Q	E	L	E	K	T	R	O	L	Y	T	**H**	G	E	Q	E
N	R	**R**	C	O	U	L	O	M	B	R	**V**	U	T	U	**O**	U
G	**L**	P	O	K	S	O	R	T	K	E	L	E	N	L	Z	A
L	A	D	U	N	G	S	T	R	E	N	N	U	N	G	**T**	B

Von den restlichen Buchstaben ergeben der erste und dann jeder zweite, zeilenweise gelesen, einen bekannten Spruch:

I H R D A O H M M A C H T

D O C H W A T T I H R V O L T.

Dieses Rätsel eignet sich zur Einführung in die E-Lehre in den Klassen 8 und 9.

Beim Suchen „hören" die Schüler die Begriffe und prägen sie sich so unwillkürlich ein. Außerdem werden sich die Schüler bei manchen Begriffen fragen, was sich dahinter verbirgt.

Das Lösen wird etwa 20 Minuten in Anspruch nehmen. Danach fragt man (in Vertretungsstunden) die Schüler, welche Begriffe sie bereits kennen und was sich dahinter verbirgt. Die Geräte, wie das Elektroskop, Spule(n), Glühlampe u. ä. sollte man den Schülern zeigen, sowie erklärende Bemerkungen dazu geben.

Als Alternative kann man dieses Rätsel aber auch am Ende der Behandlung der E-Lehre anbieten, z. B. nach einer abschließenden Kurzkontrolle.

Einfachere Variante: Die Wortliste wird mitkopiert.

Wer ist wer?
– ein Zuordnungsrätsel zu Namensgebern physikalischer Einheiten aus der E-Lehre (He)

Um die hervorragenden Leistungen berühmter Physiker zu würdigen, hat man in der Physik viele Einheiten nach den Namen der Wissenschaftler, Entdecker und Forscher benannt.
Im vorliegenden Rätsel werden acht Persönlichkeiten vorgestellt, die insbesondere auf dem Gebiet der Elektrizitätslehre viel geleistet haben. Leider sind die kurzen biographischen Angaben etwas durcheinander geraten. Die Aufgabe besteht darin, den Physikern die richtigen „Steckbriefe" zuzuordnen. Schreibe dazu rechts neben jeden Text die Nummer des betreffenden Bildes. Gleichzeitig müssen die fehlenden Begriffe in den Texten gefunden werden. Den Platz für die markierten Lösungsbuchstaben verrät dir die rechts stehende Nummer. Das Lösungswort bezeichnet etwas, über das diese Männer sicherlich verfügten.

(1)

André-Marie
Ampére
(1775–1836)

Aufgrund der in England einsetzenden industriellen Revolution bestand das Bedürfnis nach leistungsfähigen Antriebsmaschinen im Bergbau und in der Industrie. Dieser britische Ingenieur und Erfinder entwickelte die _____________ weiter, die bald das bedeutendste Antriebsmittel wurde. Er führte die Pferdestärke als Maß der Leistung ein; eine der heute gültigen Maßeinheiten für die Leistung ist nach ihm benannt. ○

(2)

Nicola
Tesla
(1856–1943)

Im Jahre 1866 erfand er eine „Dynamomaschine" zur Umwandlung von mechanischer Arbeit in elektrische Energie. Er stellte das elektrodynamische Prinzip auf und schuf damit die technische Voraussetzung für den Einsatz großer ___________ in der Industrie. Heute trägt eines der weltweit führenden Unternehmen der elektrotechnischen und elektronischen Industrie seinen Namen. ○

(3)

Alessandro
Volta
(1745–1827)

Er entdeckte die Wechselwirkung zwischen stromdurchflossenen Leitern und gilt als Begründer eines Teilgebiets der E-Lehre, der
______________.
Eine Theorie von ihm besagt, dass die Atome selbst Träger von elektrischen Strömen sein müssen, und er sah in der fließenden Elektrizität die eigentliche Ursache für den Magnetismus. Nach ihm wurde die Einheit der elektrischen Stromstärke benannt. ○

(4)

Heinrich Rudolf
Hertz
(1857–1894)

Er untersuchte verschiedene Kombinationen von Metallen, die er mit Flüssigkeiten in Verbindung brachte und erkannte, dass man damit eine _______________ herstellen kann, die über längere Zeit einen Strom liefert. Berühmt wurde er mit der Reihenschaltung von bis zu 60 so genannter Kohle-Zink-Elemente, die eine wesentliche höhere elektrische Spannung lieferten. ○

Aus: Neue Rätsel im Physikunterricht, Aulis Verlag Deubner & Co KG, Köln, 2001

(5)

James
Watt
(1736–1819)

Er untersuchte die Statik fester Körper, die Festigkeit von Werkstoffen sowie die Haft- und Gleitreibung. Mit diesen Erkenntnissen formulierte er das Reibungsgesetz. Er traf wichtige Aussagen über die Polarisation elektrischer ☐☐☐☐☐☐☐☐ und deren Lokalisierung an der Oberfläche geladener Körper. Nach ihm ist die Einheit der elektrischen Ladung benannt. ◯

(6)

Michael
Faraday
(1791–1867)

Der nach ihm benannte ☐☐☐☐☐☐☐☐☐☐☐☐☐ diente zur Erzeugung von sehr hochfrequenten Spannungen. Praktische Anwendung fand dieses Gerät in der Elektromedizin. Damit schuf er aber nicht nur die Grundlage der Hochfrequenztherapie, sondern auch die Basis für die drahtlose Energieübertragung. Nach ihm ist die Einheit der magnetischen Flussdichte benannt. ◯

(7)

Werner
von **Siemens**
(1816–1892)

Im Jahre 1888 gelang ihm die Erzeugung hochfrequenter elektromagnetischer Wellen, und er erkannte auch wichtige Erscheinungen dieser Wellen, u. a. die Reflexion, ☐☐☐☐☐☐☐☐, Transversalität und Polarisierung. Er schuf erste wichtige Voraussetzungen für die drahtlose Telegrafie sowie für die Rundfunk- und Fernsehtechnik. Nach ihm ist die Einheit der Frequenz benannt. ◯

(8)

Charles Augustin
de **Coulomb**
(1736–1806)

Durch ihn wurde der Zusammenhang zwischen Elektrizität und Magnetismus nachgewiesen, denn am 29. August 1831 entdeckte er die elektromagnetische ☐☐☐☐☐☐☐☐☐. Auf ihn geht auch eine Erfindung zurück, mit dem ein Raum („Käfig") gegen jegliche elektrische Einflüsse von außen abgeschirmt werden kann. Nach ihm ist die Einheit der elektrischen Kapazität benannt. ◯

Lösungswort:

F	1.	2.	3.	C	4.	5.	R	6.	R	7.	8.	G

Aus: Neue Rätsel im Physikunterricht, Aulis Verlag Deubner & Co KG, Köln, 2001

Lösung und Ergänzungsvorschlag zum Rätsel 20:

Die Texte erhalten fortlaufend die folgenden Nummern. Dahinter steht jeweils der einzusetzende Begriff:

5	(Watt)	Dampfmaschin**e**
7	(Siemens)	Gener**a**toren
1	(Ampere)	Elektr**o**dynamik
3	(Volta)	Spannung**s**quelle
8	(Coulomb)	Ladu**n**gen
2	(Tesla)	Transfo**r**mator
4	(Hertz)	Brec**h**ung
6	(Faraday)	In**d**uktion

Lösungswort: F **O R S** C **H E** R **D** R A **N G**

Didaktische Hinweise:
Das Rätsel passt in den Lernbereich Elektrizitätslehre der Klasse 9, weil erst hier alle vorkommenden Einheiten gewonnen werden. Es ist möglich, das Rätsel als motivierende Einführung – historischer Zugang zum Lernbereich – im Unterricht einzusetzen; man kann aber genauso die Aufgabe als Abschluss der erarbeiteten Inhalte verwenden. In diesem Fall dient das Rätsel als Festigung und Wiederholung.

Ergänzungsvorschlag:
Man lässt die Schüler weitere physikalische Größen aus der Elektrizitätslehre und anderen Teilgebieten bestimmen, die ebenfalls nach bedeutenden Physikern benannt wurden.

Beispiele:

Henri **Becquerel** (1832–1908)	Aktivität einer radioaktiven Substanz
Anders **Celsius** (1701–1744)	Celsius-Temperatur
Louis Harold **Gray** (1905–1965)	Energiedosis
James Prescott **Joule** (1818–1889)	Elektrische Arbeit oder Energie
Joseph **Henry** (1779–1878)	Induktivität
Lord **Kelvin** of Largs (1824–1907)	Thermodynamische Temperatur
Sir Isaac **Newton** (1643–1727)	Kraft
Georg Simon **Ohm** (1789–1854)	Elektrischer Widerstand
Blaise **Pascal** (1623–1662)	Druck bzw. mechanische Spannung
Rolf M. **Sievert** (1896–1966)	Äquivalentdosis
Evangelista **Torricelli** (1608–1647)	Luftdruck
Wilhelm Eduard **Weber** (1804–1891)	Magnetischer Fluss

Keine Angst vor Widerständen
– ein Vier-in-einer-Reihe-Spiel zur E-Lehre (Fr)

Die Spielanleitung ist identisch mit der von S. 28 (Kalt, warm, heiß). Hier findet man 16 Fragen und 3 Zusatzaufgaben als Rätsel 21:

1. Wie heißt das Ohmsche Gesetz?
2. Was ist ein Isolator?
3. Was versteht man unter einem Kondensator?
4. Nenne Formelzeichen, Einheit und Messgerät der Spannung!
5. Wie berechne ich den Widerstand eines Leiters, wenn ich dessen Länge, die Querschnittsfläche und das Material, aus dem er besteht, kenne?
6. Wie kann man die elektrische Leistung berechnen?
7. Wie kann man die elektrische Energie berechnen?
8. Was ist ein Elektroskop?
9. Nenne mindestens vier Wirkungen des elektrischen Stromes und je ein Beispiel!
10. Was ist der Zweck einer Sicherung?
11. Was kannst du über die Teilspannungen und die Gesamtspannung im unverzweigten Stromkreis aussagen?
12. Was kannst du über die Teilströme und den Gesamtstrom im verzweigten Stromkreis aussagen?
13. Wo gilt folgende Gesetzmäßigkeit?

    $$\frac{1}{R_{ges}} = \frac{1}{R_1} + \frac{1}{R_2}$$
14. Welches Bauelement hat das Schaltzeichen –▭– ?
15. Nenne drei Einheiten der E-Lehre und die dazugehörige physikalische Größe!
16. Was sind Halbleiter?
    Zusatz: Welche chemischen Elemente gehören zu den Halbleitern?
17. Wie ändert sich der elektrische Widerstand eines Drahtes, wenn dessen Länge verdoppelt wird?
    Zusatz: Begründe deine Meinung!
18. Skizziere die Kennlinie einer Glühlampe!
19. Zwei Glühlampen sind parallel geschaltet. Die 2. Glühlampe ist defekt. Kann die erste Glühlampe trotzdem leuchten?
    Zusatz: Begründe deine Meinung!

Die Kompassnadel zeigt den Weg
– ein Suchwort-Puzzle zum Magnetismus (Fr)

S	M	L	C	M	E	K	R	E	A	T	S	M	O	R	T	S
H	A	O	U	M	O	R	T	S	L	E	B	R	I	W	A	E
T	G	P	Z	T	D	T	I	E	G	L	I	Ü	H	B	N	I
I	N	D	U	K	T	I	O	N	S	G	E	S	E	T	Z	R
S	E	R	N	E	N	V	O	R	S	R	D	E	E	M	I	L
C	T	O	A	M	P	E	N	F	I	P	E	B	E	N	E	R
H	F	N	I	M	S	C	H	A	T	T	U	G	E	N	H	I
L	E	G	E	R	E	H	C	S	Z	N	E	L	S	T	U	E
E	L	E	K	T	R	O	M	A	G	N	E	T	E	S	N	R
I	D	U	H	I	N	E	S	I	E	F	U	H	G	W	G	E
F	I	Z	N	E	U	Q	E	R	F	L	M	A	N	D	A	S
R	L	G	N	U	N	N	A	P	S	L	E	S	H	C	E	W
I	S	E	L	B	S	T	I	N	D	U	K	T	I	O	N	I
N	C	H	T	K	O	M	P	A	S	S	N	I	C	H	T	H
G	Ö	R	T	R	O	T	A	M	R	O	F	S	N	A	R	T

In diesem Suchwort-Puzzle sind **19 Begriffe aus dem Magnetismus** versteckt. Finde sie!
Die gesuchten Begriffe können waagerecht, senkrecht, diagonal, ineinander übergehend oder auch rückwärts in dem Buchstabensalat verborgen sein. (Die restlichen Buchstaben ergeben zwei Sprüche!)

Die mit ☐ gekennzeichneten Buchstaben ergeben einen Lösungssatz.

Die gefundenen Begriffe sind die Antworten zu folgenden Fragen:

1. _ _ _ _ _ _ _ _ _ _ ☐: Besonderer „Zustand" des Raumes, zeigt sich in der Kraftwirkung auf ferromagnetische Stoffe.

2. _ _ _ _ _ _ ☐ _ _ _: Die Wirkungsweise dieses Gerätes besteht darin, dass durch die Drehung des Rotors ein veränderliches Magnetfeld entsteht. In den Spulen des Rotors wird nach dem Induktionsgesetz eine Spannung induziert. Diese Spannung wird an den Schleifringen abgegriffen.

3. _ _ ☐ _ _: Diesen Stoff nennt man wie Kobalt und Nickel einen ferromagnetischen Stoff.

Aus: Neue Rätsel im Physikunterricht, Aulis Verlag Deubner & Co KG, Köln, 2001

4. _ _ _ _ _ _ □ _ _ _ _ _ _: Dieses Gesetz besagt, dass der Induktionsstrom stets so gerichtet ist, dass er der Ursache seiner Entstehung entgegenwirkt.

5. _ _ _ _ _ _ _ _ □ _ _ _ _: Stromdurchflossene Spule mit Eisenkern.

6. _ _ _ _ _ _ _ _ _ □ _ _ _ _ _ _: Dieses Gesetz besagt, dass an den Enden einer Spule eine Spannung induziert wird, solange sich das von der Spule durchsetzte Magnetfeld ändert.

7. _ _ _ _ _ _ _ □ _ _ _: Dieser Strom entsteht in Eisenkernen, wenn sie nicht geblättert sind.

8. _ _ _ □ _ _ _: Dieser Teil des Magneten wird meist rot gekennzeichnet.

9. _ _ _ _ □ _ _ _: Diese physikalische Größe gibt Auskunft darüber, wie oft in einer Sekunde bei einer Wechselspannung das Maximum erreicht wird. Die Einheit ist 1 Hertz.

10. _ _ _ _ _ _ _ _ _ _ _ _ _ _ □: Mit dieser Spannung wird ein Transformator betrieben.

11. _ _ _ _ _ _ _ _ _ □ _ _ _ _ _: So nennt man den Vorgang, wenn in einer felderzeugenden Spule selbst eine Spannung induziert wird.

12. _ _ □ _ _: Der Zweck dieses Gerätes besteht im Antrieb von Maschinen. Dabei wird elektrische Energie in mechanische Energie umgewandelt.

13. _ _ _ _ _ _ _ _ □: Diese Kraft üben ungleichnamige Pole aufeinander aus.

14. _ _ _ _ □: So bezeichnet man gewickelten Draht. Das Ergebnis wird durch seine Windungszahl gekennzeichnet.

15. _ _ □ _ _ _ _: Dieses Gerät dient zur Orientierung auf der Erde. Dabei wird das Magnetfeld der Erde genutzt.

16. _ _ _ _ _ _ _ _ _ □ _ _ _: Dieses Gerät besteht aus einer Primär- und einer Sekundärspule, die mit einem Eisenkern verbunden sind.

17. _ □ _ _ _ _ _ _ _ _ _: Neben Rotor und Stator ein weiterer Bestandteil eines Generators.

18. □ _ _ _ _ _ _ _: Häufige Form eines Magneten.

19. _ _ _ _ _ _ □ _ _ _ _ _: Die Einheit dieser physikalischen Größe ist 1 Ampère.

Viel Spaß!

22

Lehrerseite

Lösung zum Puzzle 22:

S	M	L	C	M	E	K	R	E	A	T	S	M	O	R	T	S
H	A	O	U	M	O	R	T	S	L	E	B	R	I	W	A	E
T	G	P	Z	T	D	T	I	E	G	L	I	Ü	H	B	N	I
I	N	D	U	K	T	I	O	N	S	G	E	S	E	T	Z	R
S	E	R	N	E	N	V	O	R	S	R	D	E	E	M	I	L
C	T	O	A	M	P	E	N	F	I	P	E	B	E	N	E	R
H	F	N	I	M	S	C	H	A	T	T	U	G	E	N	H	I
L	E	G	E	R	E	H	C	S	Z	N	E	L	S	T	U	E
E	L	E	K	T	R	O	M	A	G	N	E	T	E	S	N	R
I	D	U	H	I	N	E	S	I	E	F	U	H	G	W	G	E
F	I	Z	N	E	U	Q	E	R	F	L	M	A	N	D	A	S
R	L	G	N	U	N	N	A	P	S	L	E	S	H	C	E	W
I	S	E	L	B	S	T	I	N	D	U	K	T	I	O	N	I
N	C	H	T	K	O	M	P	A	S	S	N	I	C	H	T	H
G	Ö	R	T	R	O	T	A	M	R	O	F	S	N	A	R	T

Die zu findenden Begriffe lauten:

1. MAGNETFEL**D**
2. GENER**A**TOR
3. EI**S**EN
4. LENZSC**H**E REGEL
5. ELEKTROM**A**GNET
6. INDUKTION**S**GESETZ
7. WIRBELS**T**ROM
8. NOR**D**POL
9. FREQ**U**ENZ
10. WECHSELSPANNUN**G**
11. SELBSTIND**U**KTION
12. MO**T**OR
13. ANZIEHUN**G**
14. SPUL**E**
15. KO**M**PASS
16. TRANSFORM**A**TOR
17. S**C**HLEIFRING
18. **H**UFEISEN
19. STROMS**T**AERKE

Die hier **fett** gesetzten Buchstaben ergeben den **Lösungssatz**:
DAS HAST DU GUT GEMACHT

Die restlichen Buchstaben ergeben die Sätze:
SCHUETZT DIE GLÜHBIRNEN VOR DEM LAMPENFIEBER. (Markierung: ○)
IM SCHATTEN IST ES RUHIG, WEIL MAN DAS LICHT NICHT HÖRT. (Markierung: □)

Dieses Rätsel zum Magnetismus kann man erst nach der Behandlung des Magnetismus und der Induktion in Klasse 9 einsetzen. Es ist relativ schwer, da die Schüler sowohl die Begriffe finden als auch die Fragen beantworten müssen.

Das Lösen des Rätsels dauert daher auch 35 bis 45 Minuten.

In leistungsschwächeren Klassen sollte man nach 15 bis 20 Minuten die versteckten Begriffe an die Tafel schreiben, so dass die Schüler nun gezielt wissen, welche Wörter sie finden müssen. Das Beantworten der Fragen wird nun allerdings oft nur noch ein Abzählen der Buchstaben und der „Lösungsstriche“ sein.

Etwas problematisch ist sicher die Verwendung des Wortes Glühbirne in den restlichen Buchstaben. Da es aber umgangssprachlich immer noch üblich ist dieses Wort zu gebrauchen, sollte es auch hier geschehen. Man sollte allerdings die Gelegenheit nutzen, um die Schüler noch einmal auf das Problem hinzuweisen.

Heiter bis wolkig

– ein Kreuzworträtsel zur Wetterkunde (Rö)

Wenn du die gesuchten Begriffe gefunden hast und die eingekreisten Buchstaben wie angegeben aneinander reihst, erhältst du das Lösungswort: hier findet unser Wetter statt (Ä = AE, Ö = OE).

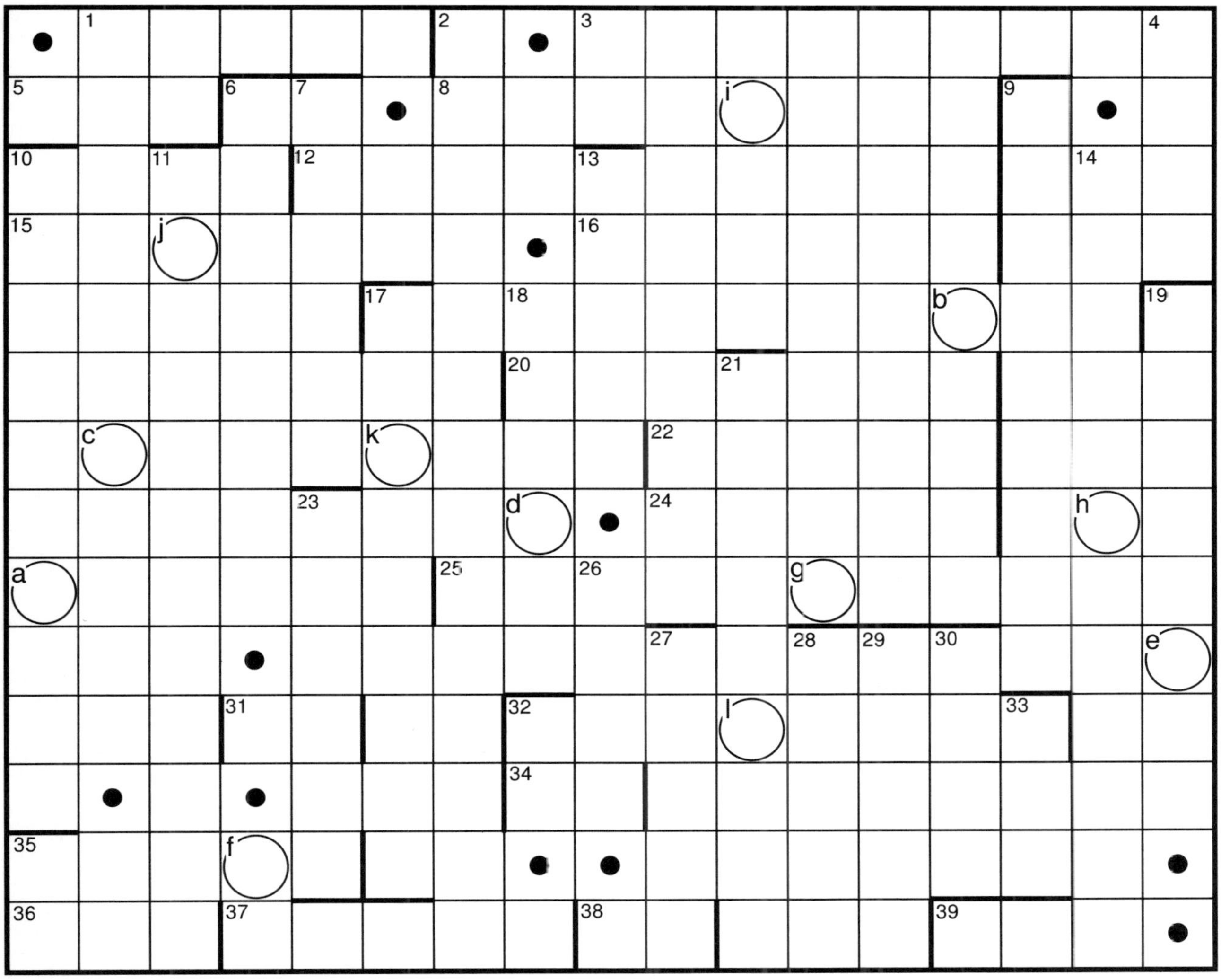

Lösungswort:

a	b	c	d	e	f	g	h	i	j	k	l

Waagrecht:

1. warmer Fallwind, der z. B. am Nordrand der Alpen auftritt
3. Stadt, in der die Zentrale des Deutschen Wetterdienstes ansässig ist
5. die dem Wind abgekehrte Seite (z. B. eines Gebirges oder einer Insel)
8. Fachausdruck für die Verbindungslinien zwischen Orten gleichen Luftdrucks
12. Gerät zur Messung der Windstärke
15. eine Luftbewegung, die auf der ungleichen Erwärmung von Land und Wasser beruht
16. Jahreszeit, in der die Erde am weitesten von der Sonne entfernt ist
17. sie wird aufgrund zahlreicher Messwerte täglich erstellt; aus ihr kann man die Wetterlage ablesen
20. durch sie können aneinander entlanggleitende Luftmassen elektrisch aufgeladen werden
22. aus Eiskörnern bestehender Niederschlag, tritt häufig bei Gewittern auf
24. allgemeine Bezeichnung für einen sehr starken Sturm
25. die offiziell gültige Maßeinheit für den Luftdruck
31. eine nicht metrische Maßeinheit für die (Wind)geschwindigkeit (Abkürzung)
32. künstlicher Flugkörper, der – je nach Ausrüstung – unterschiedliche Aufgaben wahrnehmen kann, z. B. die Wetterbeobachtung aus sehr großer Höhe
34. Strahlungsart, die von der Erde ausgesandt wird und von zahlreichen Gasen der Atmosphäre absorbiert werden kann (Abkürzung)
35. leichter Wind
36. heftiger Windstoß
37. er kann sich bei sehr hoher relativer Luftfeuchtigkeit entwickeln
38. die übliche Maßeinheit für die Niederschlagsmenge (Abkürzung)
39. Feststoff, dessen Volumen sich beim Schmelzen um ca. 10 % verringert

Senkrecht:

1. aus feinen Eisnadeln bestehende Wolken (in der Fachsprache Cirruswolken genannt); sie gelten als Vorboten schlechten Wetters
2. Sammelbezeichnung für Regen, Schnee, Graupel usw.
4. typisch für Schönwetterlagen; auf der Nordhalbkugel bewegt sich die Luft im Uhrzeigersinn aus ihm heraus
6. mit starker elektrischer Aufladung der Atmosphäre verbundene Naturerscheinung
7. tropischer Wirbelsturm in ostasiatischen Küstenregionen
9. er nimmt mit zunehmender Höhe ab, jedoch nicht linear
10. Tiefdruckgebiet über dem Nordatlantik, das in Europa Schlechtwetterlagen verursacht
11. Fachausdruck für Wetterkunde
13. Himmelsrichtung, in die Westwinde wehen
14. allgemeine Bezeichnung für ein Gas, das von der Erde ausgehende Wärmestrahlung absorbiert und so eine Aufheizung der Atmosphäre bewirkt
17. so nennt man eine Luftmassengrenze, bei der Warmluft gegen Kaltluft vordringt
18. immerfeuchte (innere) und sommerfeuchte (äußere) Klimazone beiderseits des Äquators, die sich bis zu den Wendekreisen erstreckt
19. seine seit Jahren zu beobachtende Vergrößerung birgt Gefahren für unsere Gesundheit in sich
21. Gerät zur Messung des Luftdruckes
23. eine Niederschlagsart
26. wenn die Luft so beschaffen ist, können die Nächte kalt werden
27. allgemeine Bezeichnung für einen sehr starken Wind
28. der für ein Gebiet charakteristische, durchschnittliche Witterungsablauf
29. in ihm treten Stromstärken von 30.000 Ampère und mehr auf
30. allgemeine Bezeichnung für eine Luftbewegung
33. er entsteht an kalten Flächen aus mit Wasserdampf gesättigter Luft

Aus: Neue Rätsel im Physikunterricht, Aulis Verlag Deubner & Co KG, Köln, 2001

Lösung und Ergänzungsvorschläge zum Rätsel 23:

Waagrecht: 1. Foehn, 3. Offenbach, 5. Lee, 8. Isobaren, 12. Anemometer, 15. Seewind, 16. Sommer, 17. Wetterkarte, 20. Reibung, 22. Hagel, 24. Orkan, 25. Hektopascal, 31. kn, 32. Satellit, 34. IR, 35. Brise, 36. Boe, 37. Nebel, 38. mm, 39. Eis

Senkrecht: 1. Federwolken, 2. Niederschlaege, 4. Hoch, 6. Gewitter, 7. Taifun, 9. Luftdruck, 10. Islandtief, 11. Meteorologie, 13. Osten, 14. Treibhausgas, 17. Warmfront, 18. Tropen, 19. Ozonloch, 21. Barometer, 23. Schnee, 26. klar, 27. Sturm, 28. Klima, 29. Blitz, 30. Wind, 33. Tau

Lösungswort: TROPOSPHAERE

Das Thema „Wetter" ist ein **fächerübergreifendes, facettenreiches Gebiet**. Trotz seiner stark ausgeprägten physikalischen Komponente ist das Thema nicht **in allen Physikbüchern vertreten** – schade eigentlich, da doch viele Bereiche unseres täglichen Lebens in erheblichem Maße vom Wetter beeinflusst werden. Eine Unterrichtseinheit „Wetterkunde" im Rahmen des Physikunterrichtes ist daher, wenn zeitlich irgend möglich, sehr zu empfehlen; sie wird von Schülern in der Regel auch gern angenommen (wie es bekanntlich häufig der Fall ist, wenn ein Thema nicht fester Bestandteil des Lehrplanes ist, sondern eher nur am Rande „dazugehört").

Durch die täglichen Wetternachrichten in den Medien sind den Schülern auch ohne unterrichtliche Voraussetzungen zahlreiche meteorologische Begriffe und Zusammenhänge bekannt. Deshalb eignet sich das Rätsel bereits als **Einstieg** in eine entsprechende Unterrichtsreihe; möglicherweise kann es dann aber noch nicht vollständig gelöst werden – der Lehrer hilft dann etwas mit. Die Bearbeitungszeit beträgt **ca. 20 Minuten**. Insgesamt hat das Rätsel einen **höchstens mittleren Schwierigkeitsgrad**; wird es erst als **Abschluss** der Unterrichtsreihe angeboten, ist es als leicht einzustufen. Hinweis: Auch **Vertretungsstunden** in fremden Klassen und **letzte Stunden vor Ferienbeginn** lassen sich durch die Beschäftigung mit dem Rätsel sinnvoll nutzen.

Vorschläge für den Rest der Stunde:

- Wurde das Rätsel als Einstieg in die Thematik verwendet, lässt man die Schüler (evtl. anhand der 41 Fragen) die verschiedenen **Wetterelemente** zusammenstellen, die in ihrer Gesamtheit und durch ihr Zusammenwirken unser Wetter ausmachen. Folgende Bereiche ergeben sich: Luftdruck – Wind; Luftfeuchtigkeit – Bewölkung – Niederschläge; Temperatur – Sonneneinstrahlung. Einige Einzelaspekte aus den genannten Bereichen werden in den folgenden Stunden genauer erarbeitet.
- Ansonsten kann man gut an das Lösungsswort „Troposphäre" anknüpfen und einiges zum **Aufbau der Atmosphäre** zusammenstellen; die Abbildungen auf der folgenden Seite können dazu herangezogen werden. Auch die im Rätsel gesuchten Begriffe „Ozonloch" und „Treibhausgas" (Nr. 14 und Nr. 19 senkrecht) lassen sich hier nutzen.
- Schließlich bietet es sich an, als Ergänzung zum Rätsel eine **Wetterkarte** zu studieren oder zumindest, wenn es nicht schon vorher geschehen ist, die in Wetterkarten enthaltenen offiziellen **Symbole** vorzustellen; eine Zusammenstellung befindet sich auf Seite 63, auch die sog. Beaufort-Skala. (Zu beachten ist, dass die Medien nicht selten ihre „eigenen" Zeichen verwenden.)

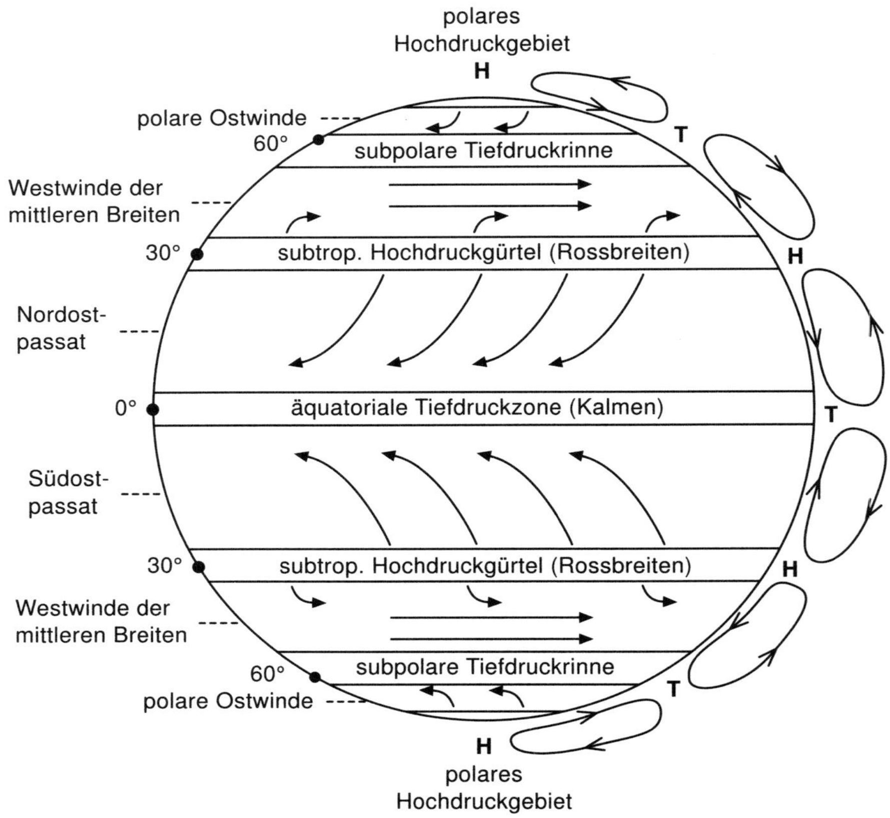

(Abb. nach: Brenneke-Schuster, Physik/Mittelstufe, Braunschweig 1970 und Gross-Berhag, Physik Sek. I, Stuttgart 1985; stark verändert)

▲ Abb. 1: Windsysteme in der Troposphäre und erdnahe Luftströmungen

▼ Abb. 2: Schichtungen und Temperaturverlauf in der Atmosphäre

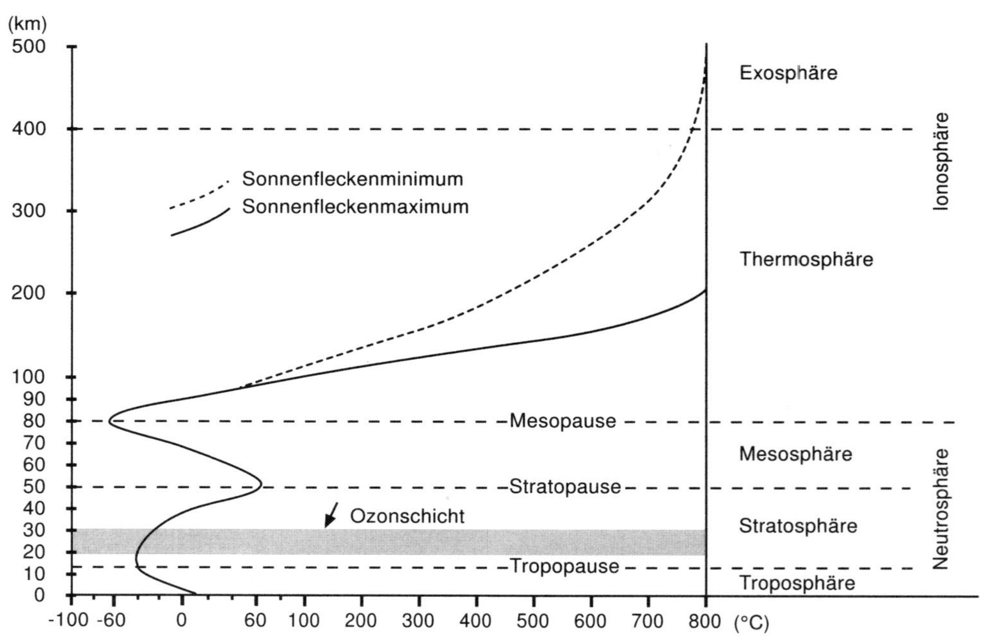

(Abb. nach: Die Erde, erdkundliches Lehrbuch zum Diercke-Weltatlas, Braunschweig 1966 und Brockhaus-Enzyklopädie Bd. 1, 1967; verändert, ergänzt)

Abb. 3: Symbole auf der Wetterkarte

a. Bewölkung:

- ○ wolkenlos
- ◔ heiter
- ◑ halbbedeckt
- ◕ wolkig
- ● bedeckt

b. Niederschläge:

- ≡ Nebel
- , Nieseln
- • Regen
- * Schneefall
- ▽ Schauer
- △ Graupeln
- ▲ Hagel
- Gewitter
- Niederschlagsgebiet

c. Luftdruck:

- H Hochdruckzentrum
- T Tiefdruckzentrum
- Isobaren (hPa)

Tabelle: Windstärke und Windgeschwindigkeit

Windstärke nach Beaufort			Windgeschwindigkeit	
Skala	Bezeichnung	Auswirkungen im Binnenland	(m/s)	(km/h)
0	Stille	Rauch steigt senkrecht empor	0 – 0,2	bis 0,7
1	leiser Zug	Rauch wird schwach abgelenkt	0,3 – 1,5	bis 5,4
2	leichte Brise	Blätter säuseln, Wind an Gesicht spürbar	1,6 – 3,3	bis 11,9
3	schwache Brise	Blätter und dünne Zweige bewegen sich	3,4 – 5,4	bis 19,4
4	mäßige Brise	Zweige und dünne Äste bewegen sich, Staub wird aufgewirbelt	5,5 – 7,9	bis 28,4
5	frische Brise	kleine Bäume schwanken	8,0 – 10,7	bis 38,5
6	starker Wind	starke Äste bewegen sich, Regenschirme schwierig zu benutzen	10,8 – 13,8	bis 49,7
7	steifer Wind	ganze Bäume bewegen sich, spürbarer Widerstand beim Gehen	13,9 – 17,1	bis 61,6
8	stürmischer Wind	bricht Zweige und Äste von den Bäumen, erschwert erheblich das Gehen	17,2 – 20,7	bis 74,5
9	Sturm	kleinere Schäden an Häusern (Dachziegel werden abgeworfen)	20,8 – 24,4	bis 87,8
10	schwerer Sturm	entwurzelt Bäume, bedeutende Schäden an Häusern	24,5 – 28,4	bis 102,2
11	orkanartiger Sturm	verbreitete starke Sturmschäden (nur selten im Binnenland)	28,5 – 32,6	bis 117,4
ab 12	Orkan	schwerste Verwüstungen	ab 32,7	ab 117,5

d. Luftbewegungen, Wind:

- Warmfront
- Kaltfront
- warme Luftströmung
- kalte Luftströmung
- ◎ Windstille
- 5 kn = 2,5 m/s = 9 km/h
- 10 kn = 5 m/s = 18 km/h
- 15 kn = 7,5 m/s = 27 km/h
- 20 kn = 10 m/s = 36 km/h
- 50 kn = 25 m/s = 90 km/h

e. Kombinierte Symbole (Beispiele):

- halb bedeckt, Ostwind, 25 kn
- heiter, Nordwind, 40 kn
- wolkenlos, Südwestwind, 10 kn
- bedeckt, Westwind, 5 kn

Hochdruckgebiet

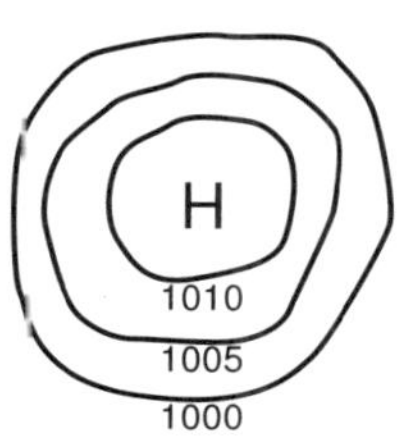

Tiefdruckgebiet

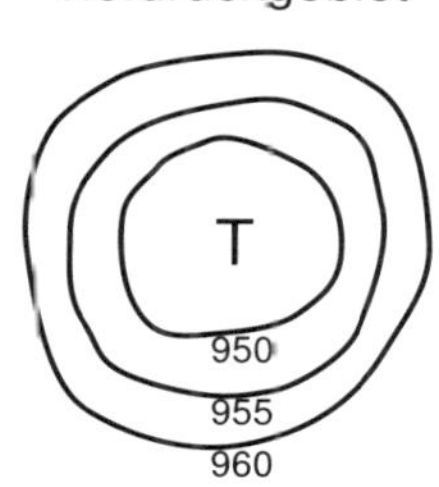

Im Falle eines Falles ist richtig schummeln alles
– Suchen im Tafelwerk / in der Formelsammlung (Fr)

Viele Schüler glauben, ohne einen Schummelzettel eine Arbeit in Physik nicht überstehen zu können. Oftmals haben sie dann jedoch „Pech" und werden (hoffentlich!) erwischt. Wozu dieser ganze Aufwand des Schummelzettel-Schreibens und dann das enorme Risiko erwischt zu werden, wenn doch der beste Schummelzettel – das Tafelwerk / die Formelsammlung – fast immer legal zugelassen ist. Du musst dir nur die Zeit nehmen und dich mit dem Inhalt vertraut machen. Auch bei diesem Rätsel kannst du mit Einsatz des Tafelwerkes / der Formelsammlung fast alle Fragen beantworten. – Viel Spaß dabei!

1. Eine Einheit für die Energie
2. Eine Einheit für die Arbeit
3. Eine Volumeneinheit
4. Physikalische Größe, Formelzeichen t
5. Naturkonstante c
6. Quotient aus Nutzleistung und aufgewandter Leistung
7. Physikalische Größe, die so berechnet wird: $P = W/t$
8. Physikalische Größe, die angibt, wie schnell sich ein Körper bewegt
9. Das Formelzeichen für diese Größe ist ρ (Rho)
10. Messgerät für die Geschwindigkeit
11. Messgerät für das Volumen von Flüssigkeiten
12. Physikalische Größe, die so berechnet wird: $F = m \cdot a$
13. Messgerät für die Masse
14. Physikalische Größe, die so berechnet wird: $W = F \cdot s$
15. Diese Einheit steht für $1\ \text{kg} \cdot \text{m/s}^2$
16. Der 1000. Teil des Meters
17. Die ... ist die Fähigkeit eines Körpers, Arbeit zu verrichten, Wärme abzugeben oder Licht abzustrahlen
18. Form der mechanischen Energie, wird so berechnet $E = \frac{1}{2} m v^2$
19. Naturkonstante $g = 9{,}81\ \text{m/s}^2$
20. Diese Einheit steht für 1 J/s
21. Die Masse gibt an, wie schwer und wie ... ein Körper ist.
22. Das Formelzeichen dieser physikalischen Größe ist a
23. Diese physikalische Größe gibt an, wie stark ein Körper von der Erde angezogen wird.

Aus: Neue Rätsel im Physikunterricht, Aulis Verlag Deubner & Co KG, Köln, 2001

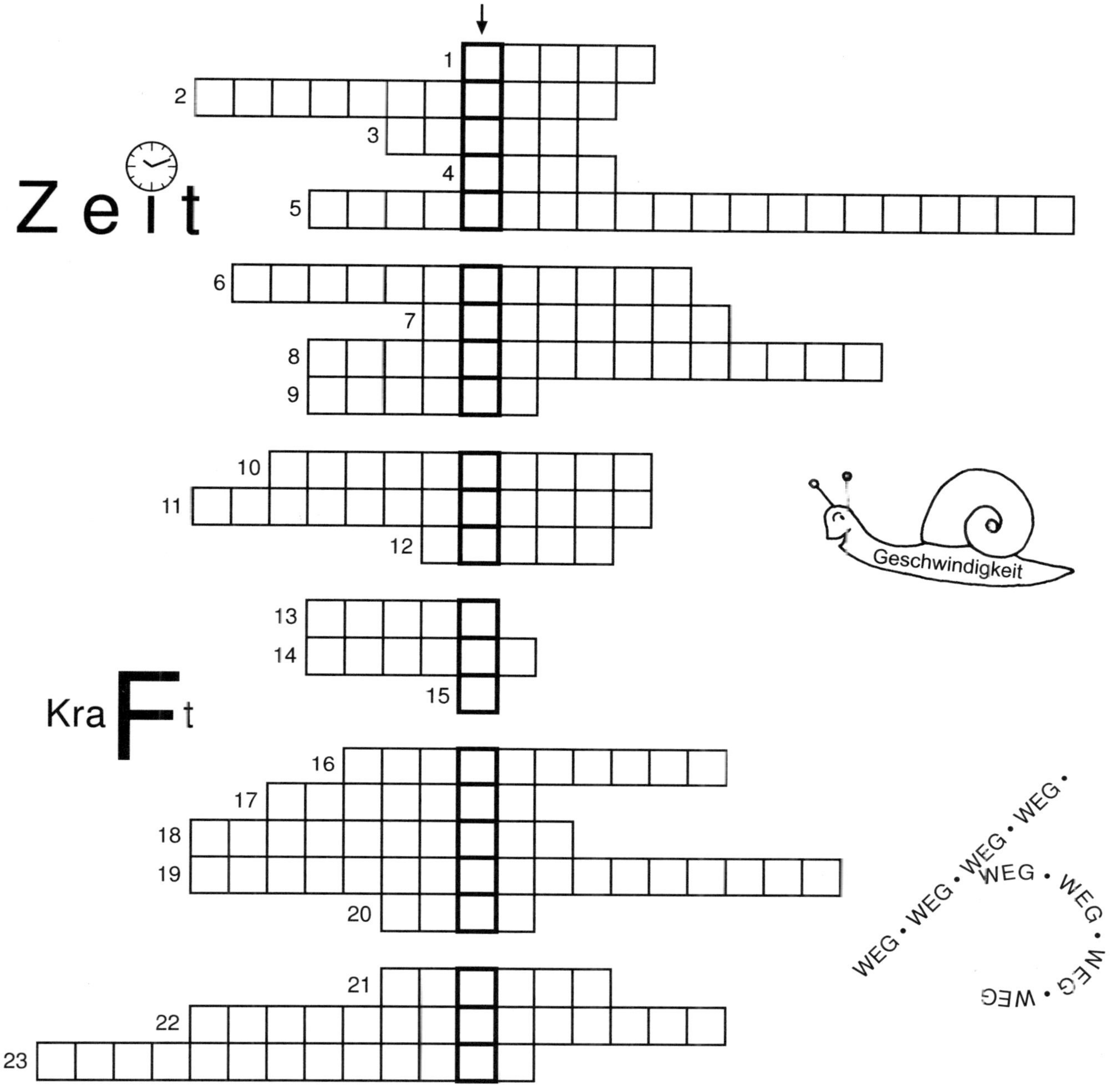

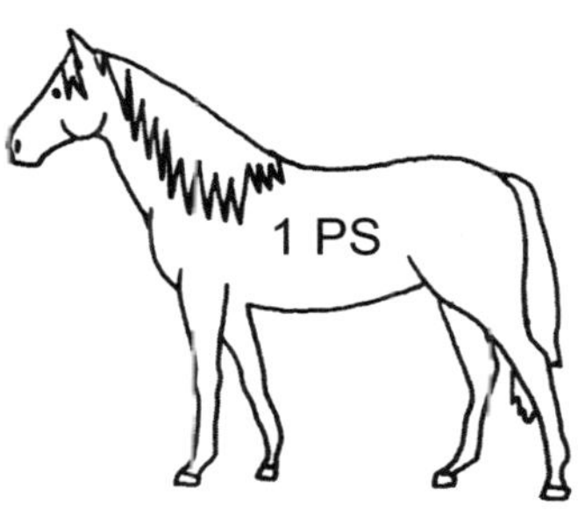

Solltest du Lust haben, dann denke dir selber ähnliche Bilder aus. Vielleicht kann dir das eine oder andere Bild ja mal als „Eselsbrücke“ dienen.

Lösung zum Rätsel 2:

1 JOULE
2 NEWTONMETER
3 LITER
4 ZEIT
5 LICHTGESCHWINDIGKEIT

6 WIRKUNGSGRAD
7 LEISTUNG
8 GESCHWINDIGKEIT
9 DICHTE

10 TACHOMETER
11 MESSZYLINDER
12 KRAFT

13 WAAGE
14 ARBEIT
15 N

16 MILLIMETER
17 ENERGIE
18 KINETISCHE
19 ERDBESCHLEUNIGUNG
20 WATT

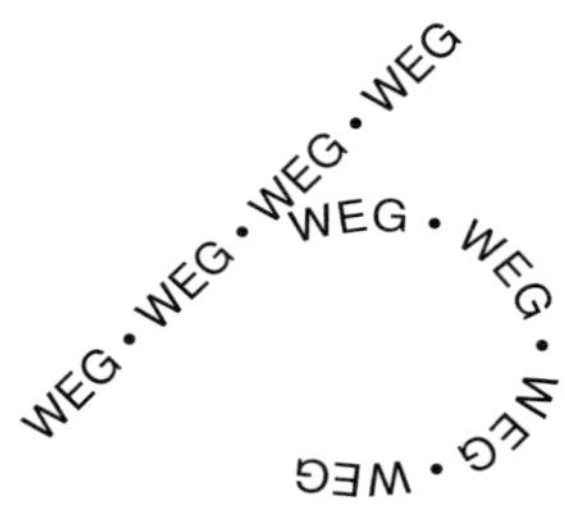

21 TRAEGE
22 BESCHLEUNIGUNG
23 GEWICHTSKRAFT

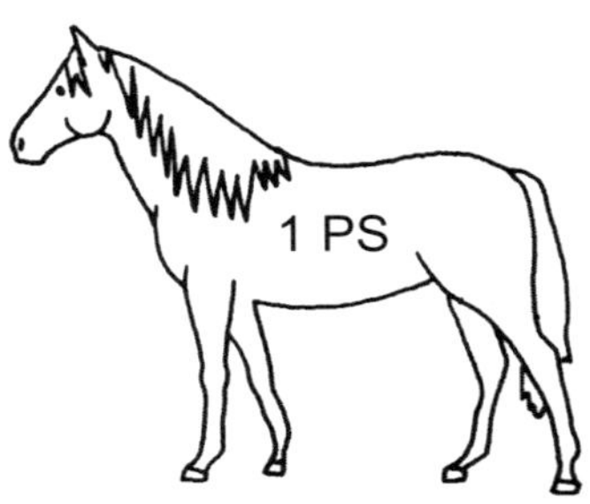

Solltest du Lust haben, dann denke dir selber ähnliche Bilder aus. Vielleicht kann dir das eine oder andere Bild ja mal als „Eselsbrücke" dienen.

Lösung:

JETZT GEHT MIR EIN LICHT AUF

Das Tafelwerk / die Formelsammlung ist eines der wichtigsten Hilfsmittel für die Physik – sofern man damit sicher arbeiten kann. Ein Ziel des Physikunterrichtes muss es sein, die Schüler zur Arbeit mit diesem Hilfsmittel anzuregen und anzuleiten. Eine Vertretungsstunde in Klasse 8 oder 9 eignet sich sicherlich sehr gut, um diese Aufgabe anzugehen und die Arbeit mit dem Tafelwerk eine Stunde zu thematisieren.

Folgendes Vorgehen bietet sich hierbei an:

1. Prinzipieller Aufbau des Tafelwerkes
   - Nutzung des Inhaltsverzeichnisses zeigen und üben
   - Nutzung des Registers zeigen und üben
   - Unterteilung in verschiedenen Fachgebiete ansehen

2. Spezieller Aufbau des Physikteiles
   - Übersicht über Größen, Formelzeichen und Einheiten
   - Tabellen (z. B Dichten, Schmelztemperaturen)
   - Formeln (geordnet nach Teilgebieten)
   - Übersicht über Naturkonstanten, Vorsilben u. ä.

Anschließend kann man als Quiz (Mädchen gegen Jungen, linke Bankreihe gegen rechte oder auch „Bankreihenrutschen“) die folgenden und ähnliche Fragen beantworten.

a) Wie lautet das Formelzeichen der Frequenz?
b) Wie hoch ist die Schmelztemperatur von Gold?
c) Mit welcher Formel berechnet man die elektrische Leistung?
d) Welche Einheit bedeutet genau das Gleiche wie 1 Nm?
e) Wie groß ist die Dichte von Aluminium?
f) Wie groß ist der Radius der Erde?
g) Welchen Wert hat die Erdbeschleunigung?
h) Für welche physikalische Größe ist Q das Formelzeichen?

Für den Rest der Stunde (etwa 20 Minuten) erhalten die Schüler das Rätsel „Im Falle eines Falles ist richtig schummeln alles“.

Sollten zum Schluss noch einige Minuten Zeit sein, kann man mit den Schülern noch einmal über das Schummeln diskutieren – möglichst aber ohne erhobenen Zeigefinger.

Kompliziert?

– eine Rätselgraphik zum Drehsinn von Getrieben (Rö)

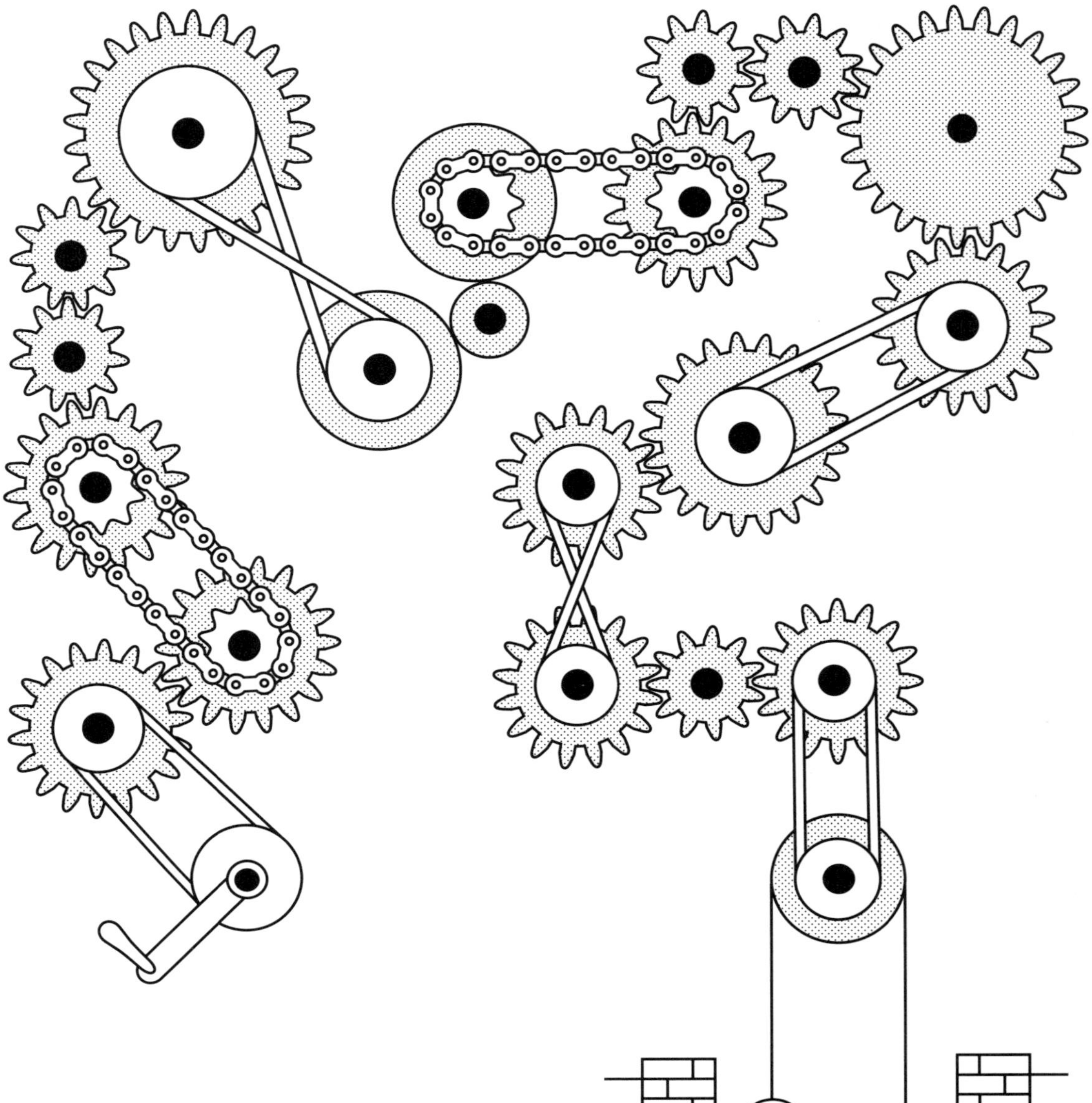

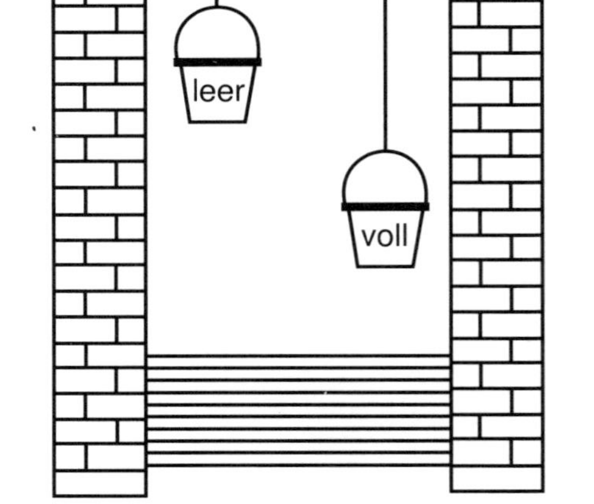

Jemand schöpft abwechselnd mit zwei Eimern aus einem Brunnen Wasser, indem er das zugegebenermaßen nicht ganz leicht zu überblickende Räderwerk mit einer Kurbel betätigt.

In welcher Richtung muss er die Kurbel drehen, damit der gefüllte Eimer nach oben gelangt?

Aus: Neue Rätsel im Physikunterricht, Aulis Verlag Deubner & Co KG, Köln, 2001

Lösung und andere Fragestellungen zum Rätsel 25:

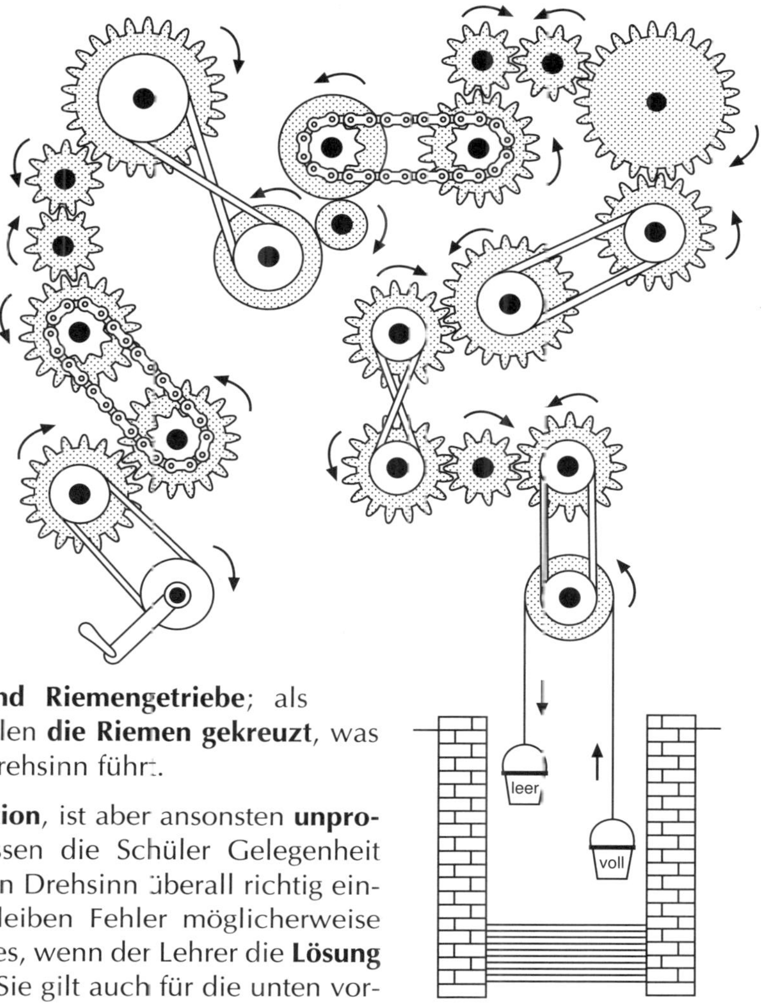

Antwort: Er muss die Kurbel **im Uhrzeigersinn** drehen, damit der gefüllte Eimer nach oben gelangt. (Die Pfeile markieren den Drehsinn der einzelnen Räder.)

Der **Drehsinn** der an einem Getriebe beteiligten Räder hängt von der **Art ihrer Kopplung** ab: Bei direkter Kopplung (Rädergetriebe) drehen sich die Räder gegenläufig, bei indirekter (Zugmittelgetriebe) gleichsinnig. Diesen Sachverhalt müssen die Schüler kennen, um das Rätsel lösen zu können.

Die abgebildete Anordnung enthält **Zahnrad- und Reibradgetriebe** sowie **Ketten- und Riemengetriebe**; als **Besonderheit** sind an zwei Stellen **die Riemen gekreuzt**, was dort zu einem gegenläufigen Drehsinn führt.

Das Lösen erfordert **Konzentration**, ist aber ansonsten **unproblematisch**. Zum Schluss müssen die Schüler Gelegenheit haben zu überprüfen, ob sie den Drehsinn überall richtig eingetragen haben; andernfalls bleiben Fehler möglicherweise unentdeckt. Am einfachsten ist es, wenn der Lehrer die **Lösung auf Folie zieht und projiziert**. (Sie gilt auch für die unten vorgeschlagenen Alternativen.)

Die Fragestellung bringt es mit sich, dass die Schüler den Drehsinn **vom gewünschten Effekt bis zum Verursacher zurückverfolgen** müssen. Man kann aber auch derart fragen, dass die Anordnung **vorwärts von der Ursache zur Wirkung** hin zu verfolgen ist. Lehrer, die diese Reihenfolge bevorzugen, können auf dem Rätselblatt die (auf die Fallschilderung folgende) Frage gegen eine der beiden unten vorgeschlagenen Fassungen austauschen. Beide Fragen (I, II) sind bedeutungsgleich – die zweite wirkt wie eine **Scherzfrage**, ist aber keine (denn logischerweise ist es der volle Eimer, der hochgekurbelt wird und der leere, der dabei nach unten gelangt). Wichtig: Die Beschriftung der Eimer muss für die eine wie die andere Frage gelöscht werden, da sie stört.

(I) Gelangt der linke oder der rechte Eimer nach oben, wenn er die Kurbel im Uhrzeigersinn dreht?

(II) Welcher Eimer ist gefüllt, welcher leer, während er die Kurbel im Uhrzeigersinn dreht?

Wir basteln ein Mobile
– eine Rätselgraphik zum zweiseitigen Hebel (Rö)

Aus 8 kleinen Gegenständen zu je 1 g (1 cN) und 8 weiteren Objekten zu je 2 g (2 cN) soll ein Mobile hergestellt werden. Die dafür erforderlichen Trinkhalme in Längen von 3 cm bis 18 cm sind bereits zugeschnitten, miteinander verknüpft und mit Fäden zum Befestigen der Gegenstände versehen. Jetzt müssen nur noch die 16 Anhänger so verteilt werden, dass Gleichgewicht herrscht. Überlege genau, wo du mit der Arbeit beginnst!

Leider wirst du ganz zum Schluss feststellen, dass das Mobile im oberen Bereich **etwas schief** hängt. Zum Glück steht als Reserve **noch ein zusätzlicher Anhänger** von 1 g (1 cN) zur Verfügung. An welcher Stelle musst du ihn befestigen?

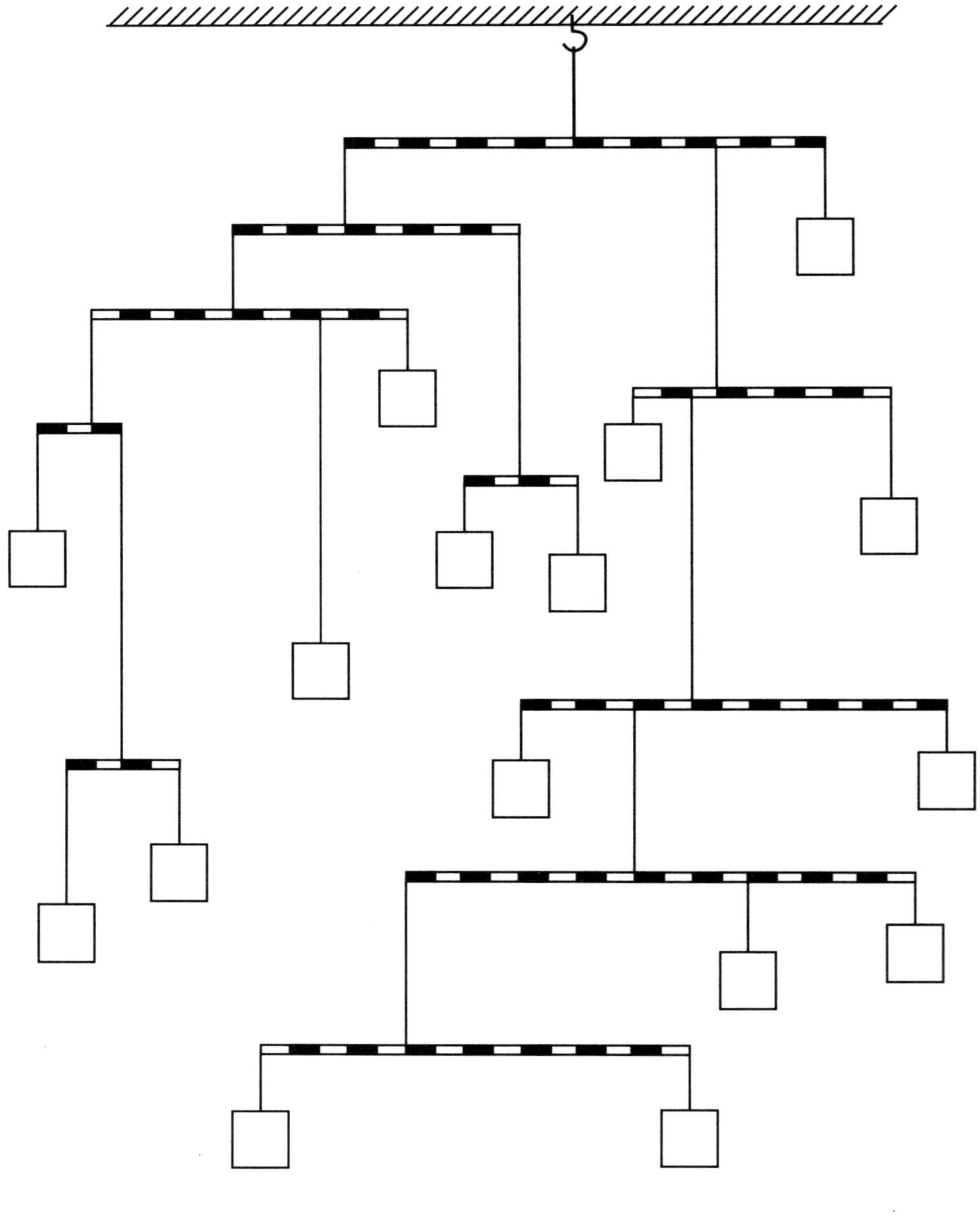

Aus: Neue Rätsel im Physikunterricht, Aulis Verlag Deubner & Co KG, Köln, 2001

Lösung und Auswertung von Rätsel 26:

Die Abbildung zeigt die Verteilung der 16 Anhänger. Ergebnis: Wegen $M_{li} > M_{re}$ ist der **zusätzliche Gegenstand von 1 cN rechtsseitig** zu befestigen (siehe Pfeil) und zwar **im Abstand von a_3 = 2 cm** von der Drehachse, wie die folgende Rechnung beweist.

Links: $M_{li} = 10\ \text{cN} \cdot 8\ \text{cm} = 80\ \text{cN cm} = 0{,}008\ \text{Nm}$

Rechts: $M_1 = 12\ \text{cN} \cdot 5\ \text{cm} = 60\ \text{cN cm} = 0{,}006\ \text{Nm}$
$M_2 = 2\ \text{cN} \cdot 9\ \text{cm} = 18\ \text{cN cm} = 0{,}0018\ \text{Nm}$
} $M_{re} = 78\ \text{cN cm} = 0{,}0078\ \text{Nm}$

Zusatz: $M_3 = M_{li} - M_{re} = 2\ \text{cN cm} = 0{,}0002\ \text{Nm}$; $a_3 = \dfrac{2\ \text{cN cm}}{1\ \text{cN}} = 2\ \text{cm}$

Um die gestellte Aufgabe lösen zu können, müssen die Schüler a) **Drehmomente** berechnen können und b) wissen, unter welcher Bedingung am (zweiseitigen) Hebel **Gleichgewicht** herrscht. Das Rätsel eignet sich besonders gut als Hausaufgabe, kann aber auch zur Auflockerung des Unterrichts in der Stunde gelöst werden. Die Bearbeitungszeit hängt davon ab, wie schnell die Schüler die geeignete Vorgehensweise finden; mit **10–15 Minuten** ist zu rechnen, bis alle Anhänger verteilt sind und Gleichgewicht hergestellt ist. Man **beginnt jeweils unten**, am besten für die rechte Seite, da hier nur *eine* Verteilung möglich ist; links unten sind dagegen (zunächst) *zwei* Möglichkeiten gegeben – wenn man dort mit den schwereren Gegenständen beginnt, muss man dies später revidieren.

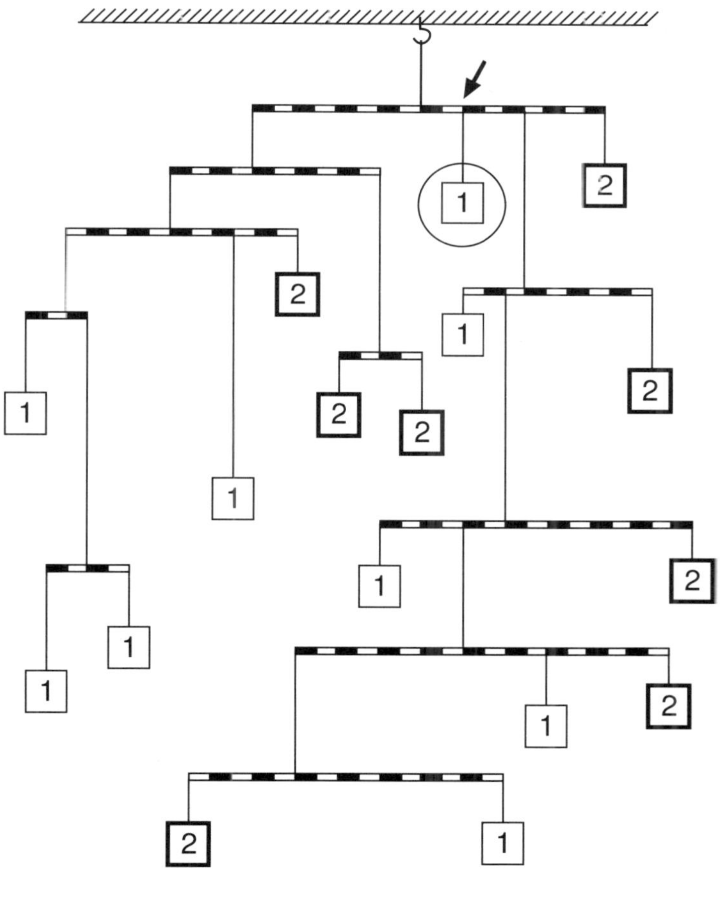

Wer stellt die richtige Frage?
– ein Spiel für kluge Schüler (Fr)

Das Spiel ist eine abgewandte Form von „Jeopardy". Mit diesem „Hintergrundwissen" ist die Spielanleitung sicher einfacher zu lesen.

0. In der Pause werden die Themengebiete und die Schwierigkeitspunkte vom Lehrer an die Tafel geschrieben.
1. Die Klasse wird in 4 bis 5 Gruppen eingeteilt. Jede Gruppe sucht sich einen Namen aus. Dieser wird an die Tafel geschrieben.
2. Team Nr. 1 wählt das erste Feld. Dahinter verbirgt sich eine Antwort. Aufgabe des Teams ist es, die richtige Frage zu finden.
3. a) Wenn Team Nr. 1 die Frage findet, erhält es entsprechend des Schwierigkeitsgrades der Aufgabe Punkte.

   b) Wenn sich das Team nicht sicher ist, ob seine Antwort richtig sein wird, kann es die Frage an Team Nr. 2 weitergeben.

   c) Wenn es eine falsche Frage formuliert, werden ihm die entsprechenden Punkte abgezogen.

   d) Sollte die Aufgabe von keinem Team gelöst werden können, gibt der Lehrer die Antwort.
4. Das nächste Feld wird von Team Nr. 2 gewählt.

usw.

Hinweis: Jokerpunkte, Zusatzfragen (heißen hier SOLO-Aufgaben und werden nur vom Team gelöst, welches das Feld gewählt hat), Mecker- und Krachpunkte erhöhen den Spielspaß.

Wer stellt die richtige Frage?
Ein Spiel für kluge Schüler zum Thema Optik

	Alles über die Teilgebiete der Physik	Alles über Licht	Alles über Schatten	Alles über den Mond	Alles über das Reflexionsgesetz
1	Dieses Teilgebiet der Physik beschäftigt sich mit dem Strom, dessen Ursache und dessen Wirkung. **E-Lehre**	Dieser Körper reflektiert das Licht. Im Dunkeln ist er nicht zu sehen. **beleuchteter Körper**	Hierhin gelangt von keiner Lichtquelle Licht. **Kernschatten**	Bei dieser Mondphase ist der Mond nicht zu sehen. **Neumond**	So nennt man den Lichtstrahl, bevor er auf den Spiegel trifft. **einfallender Lichtstrahl**
2	Dieses Teilgebiet der Physik beschäftigt sich mit heißen und kalten Körpern und deren Verhalten bei Temperaturänderung. **Wärmelehre**	Zu dieser Gruppe von Körpern zählt man die Sonne, die Glühlampe oder ein brennendes Streichholz. **Lichtquelle**	Hierhin gelangt nur das Licht von *einer* Lichtquelle. **Halbschatten**	Bei dieser Mondphase kann die Mondfinsternis auftreten. **Vollmond**	Diese gedachte Linie steht senkrecht auf dem Spiegel. **Einfallslot**
3	Dieses Teilgebiet der Physik beschreibt die Bewegung von Körpern und erklärt deren Ursachen. **Mechanik**	Dies ist die Lehre vom Licht. **Optik**	Sie passiert, wenn die Erde im Schatten des Mondes liegt. **Sonnenfinsternis**	Sie passiert, wenn der Mond im Schatten der Erde liegt. **Mondfinsternis** **Zusatz:** Wie nennt man folgende Mondphase? 	Dieser Winkel ist genauso groß wie der Einfallswinkel. **Reflexionswinkel** **Zusatz:** Nenne das Reflexionsgesetz!

Wer stellt die richtige Frage? Ein Spiel für kluge Schüler zur Wärmelehre/Mechanik

	Zur Temperatur	Aggregatzustands-änderung	Temperatur-änderung	Anwendungen in Natur und Technik	Wiederholung Mechanik	Wahr oder falsch
1	Dieser griechische Buchstabe ist das Formelzeichen für die Temperatur, wenn sie in °C angegeben wird. **Theta (ϑ)**	Bei dieser Temperatur wird ein fester Körper flüssig. **Schmelztemperatur**	Das passiert bei den meisten Körpern, wenn man sie abkühlt. **Zusammenziehen**	Hierbei nutzt man die Erscheinung, dass sich verschiedene Metalle unterschiedlich stark ausdehnen. **Bimetallstreifen**	Das Formelzeichen für diese physikalische Größe ist s. **Weg**	Kupfer kann man in einem Eisentigel schmelzen. **wahr**
2	Dieses Messgerät misst die physikalische Größe, die angibt, wie heiß oder kalt ein Körper ist. **Thermometer**	In diesen Aggregatzustand geht ein flüssiger Körper beim Erstarren über. **fest**	**Joker**	So bezeichnet man das Verhalten von Wasser, sich von 4 °C bis 0 °C auszudehnen. **Anomalie des Wassers**	Diese physikalische Größe wird in Newton angegeben. **Kraft**	Im Thermometer nutzt man das physikalische Phänomen, dass sich Körper bei der Abkühlung ausdehnen. **falsch**
3	Bei dieser Temperatur, die 0 Kelvin entspricht, redet man vom absoluten Nullpunkt. Tiefere Temperaturen gibt es nicht. **– 273 °C**	Bei dieser Aggregatzustandsänderung geht ein Körper vom gasförmigen in den flüssigen Zustand über. **Kondensieren**	**Solo:** Bei Temperaturänderung wird eine Stahlstange länger bzw. kürzer. Wird sie dabei auch dicker bzw. dünner? Begründe! **Ja**	Dieses Verfahren nutzt man, um Flüssigkeiten unterschiedlicher Siedetemperaturen zu trennen. **Destillation**	Mit dieser Formel berechnet man die Dichte eines Körpers. $\rho = \frac{m}{V}$	Im festen Aggregatzustand sind die Kräfte zwischen den Teilchen größer als die Kräfte im flüssigen Aggregatzustand. **wahr**
4	Das gehört neben dem Anzeigeröhrchen, der Thermometerflüssigkeit und dem Thermometergefäß mit zum Thermometer. **Skala**	Bei dieser Aggregatzustandsänderung geht ein Körper vom flüssigen in den gasförmigen Aggregatzustand unterhalb der Siedetemperatur über. **Verdunsten**	Diese Temperatur ist die höchste Temperatur von 173 °C, 250 K bzw. der Siedetemperatur von Wasser unter Normalbedingungen? **173 °C**	**Solo:** Warum erkältet man sich, wenn man in nasser Kleidung still sitzt? **Abkühlung durch Verdunsten des Wassers**	Bei dieser Verformung geht der Körper in die ursprüngliche Lage zurück. **elastische Verformung**	Die Temperatur eines Körpers gibt Auskunft über die mittlere Geschwindigkeit der Teilchen. **wahr**

Schachmatt, Herr Newton
– ein Rösselsprung zur Dynamik (Fr)

In diesem Rechteck ist eine bekannte Gesetzmäßigkeit versteckt.

Das erste Feld ist markiert. Das zweite Feld ist einen Rösselsprung (so zieht das Pferd beim Schachspielen) davon entfernt usw.

Viel Spaß beim Suchen!

BEFINDET	EIN-	DIE	DER	**EIN**
SOLANGE	ZUSTAND	KÖRPER	WIRKENDEN	RESULTIERENDE
IHN	SICH	IST.	IM	GERADLINIG
NULL	BEWEGUNG	RUHE	ALLER	KRÄFTE
IN	AUF	GLEICH	GLEICHFÖR-MIGEN	ODER

Vor dem Kopieren abdecken!

Lösung:
Es handelt sich um das erste Newtonsche Axiom:
Ein Körper befindet sich in Ruhe oder im Zustand der geradlinig gleichförmigen Bewegung, solange die Resultierende aller auf ihn einwirkenden Kräfte gleich null ist.

Dieses Rätsel kann man sicher erst in Klasse 9 einsetzen. Bevor die Schüler hiermit beginnen, muss geklärt werden, wie das Pferd beim Schachspielen zieht, da dies sicher nicht alle Schüler wissen.

ABC der Mechanik
– ein Rätselalphabet (Rö)

Ergänze die folgenden Sätze zu sinnvollen Aussagen, indem du die fehlenden Fachausdrücke in die dafür vorgesehenen Felder einträgst; beachte: Ä = AE, Ü = UE. Die eingerahmten Buchstaben ergeben dann, der Reihe nach gelesen, als **Lösung** des Rätsels den **Namen eines berühmten Physikers**; er lebte von 1643 bis 1727 und gilt als Begründer der klassischen Mechanik.

Die Wirkung einer Kraft ist abhängig von ihrem Betrag, ihrer Richtung und ihrem [A].

Bei der doppelten Geschwindigkeit eines Autos ist sein [B] bereits viermal so lang.

Im Benzin und anderen Treibstoffen ist [C] (2 Wörter) gespeichert.

Das [D] hat die gleiche Maßeinheit wie die Arbeit und die Energie, ist aber im Unterschied zu diesen eine gerichtete Größe.

Der [E] besagt, dass in einem abgeschlossenen System bei der Umwandlung einer Energieform in eine andere keine Energie verloren geht.

Mit einem [F] kann man schwere Lasten kraftsparend heben.

Es gibt drei Arten von [G], nämlich das stabile, das labile und das indifferente.

Die Maßeinheit für den Luftdruck heißt [H].

Die auf Wetterkarten eingezeichneten Linien gleichen Luftdrucks werden [I] genannt.

Das [J] ist eine von mehreren Maßeinheit für die Energie, auch z. B. für den Nährwert von Lebensmitteln.

Um zwei nicht parallele, in einem Punkt angreifende Kräfte zu addieren, zeichnen wir ein [K].

Der Quotient aus verrichteter Arbeit und dazu benötigter Zeit wird als [L] bezeichnet.

Die [M] eines Körpers ist ortsunabhängig.

Heben wir eine Tafel Schokolade 1 m hoch, so beträgt die verrichtete Arbeit 1 [N].

In Verbrennungsmotoren, bespielsweise dem [O], wird chemische Energie in mechanische Energie umgewandelt.

Ein [P] (2 Wörter), d. h. eine Maschine, die ohne äußere Energiezufuhr ständig Arbeit verrichtet, gibt es nicht.

Der Blutdruck wird häufig mit einem [Q] gemessen.

Man unterscheidet drei Arten von Reibungskraft: die Haftreibung, die Gleitreibung und die [R].

Ein Körper kippt um, wenn das Lot durch seinen [S] nicht auf seine Standfläche trifft.

Auf der Nordhalkbkugel der Erde strömt die Luft im Uhrzeigersinn aus Hochdruckgebieten heraus und im Gegenuhrzeigersinn in [T] hinein.

Unter der [U] eines Getriebes versteht man den Quotienten aus den Drehzahlen der beteiligten Räder.

Einen Raum völlig gasfrei zu machen, d. h. ein absolutes [V] herzustellen, ist praktisch unmöglich.

Sowohl Kohlekraftwerke als auch Kernkraftwerke sind [W].

Die Kraft, die wir beim Kurvenfahren verspüren, heißt Fliehkraft oder [Z].

Aus: Neue Rätsel im Physikunterricht, Aulis Verlag Deubner & Co KG, Köln, 2001

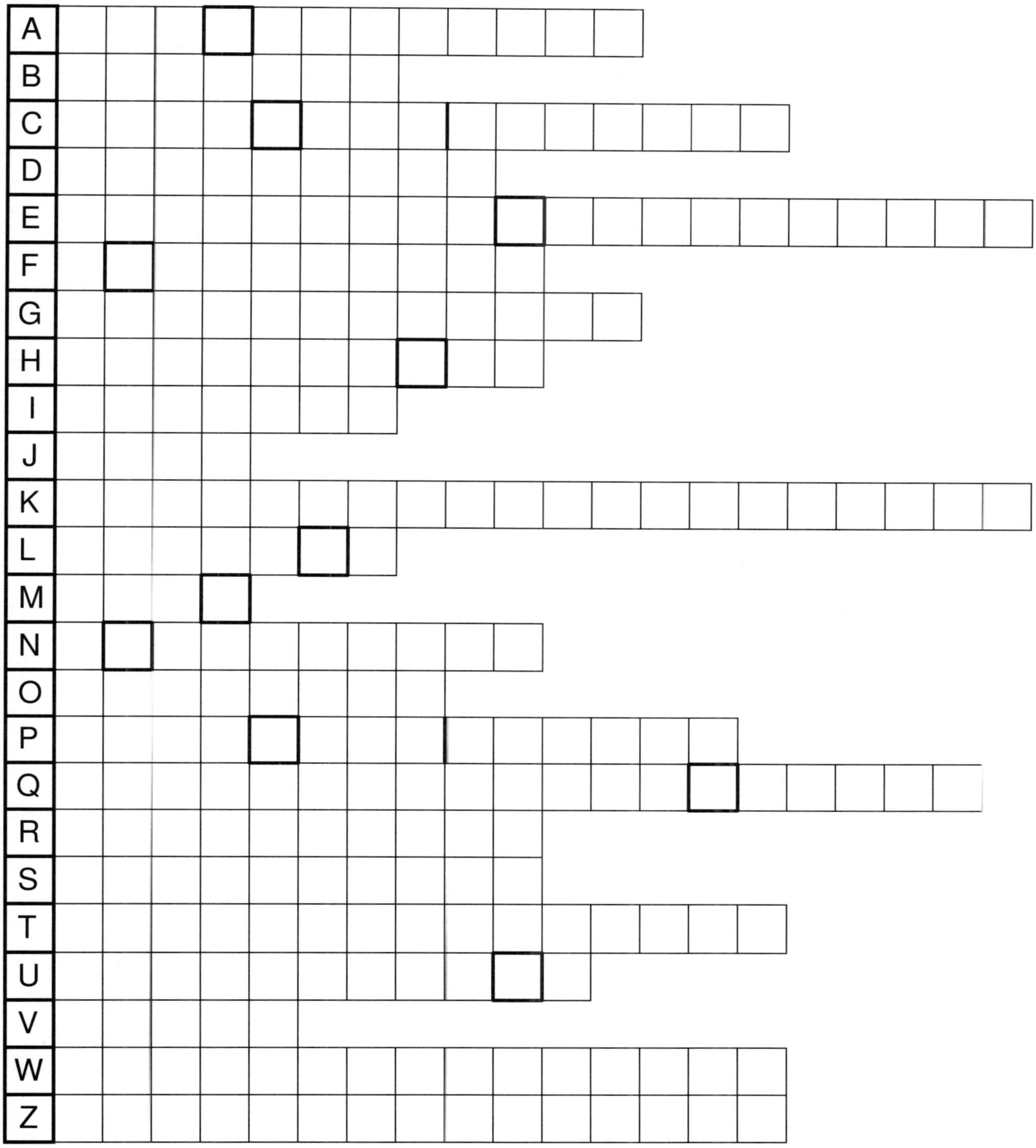

Der Physiker heißt:

Aus: Neue Rätsel im Physikunterricht, Aulis Verlag Deubner & Co KG, Köln, 2001

29 Lehrerseite

Lösung und Ergänzungsvorschlag zum Rätsel 29:

Angriffspunkt, **B**remsweg, **c**hemische Energie, **D**rehmoment, **E**nergieerhaltungssatz, **F**laschenzug, **G**leichgewicht, **H**ektopascal, **I**sobaren, **J**oule, **K**raefteparallelogramm, **L**eistung, **M**asse, **N**ewtonmeter, **O**ttomotor, **p**erpetuum mobile, **Q**uecksilbermano(baro)meter, **R**ollreibung, **S**chwerpunkt, **T**iefdruckgebiete, **U**ebersetzung, **V**akuum, **W**aermekraftwerke, **Z**entrifugalkraft

Lösung: ISAAC NEWTON

Mit dem Rätsel-ABC lässt sich die Mechanik, so wie sie üblicherweise in der Sekundarstufe I unterrichtet wird, **stichpunktartig wiederholen**. Aufgrund der Rätselkonstruktion sind die Anfangsbuchstaben der zu ergänzenden „Passwörter" bereits eingetragen und somit den Schülern bekannt; dadurch gelingt das Lösen des Rätsels **problemlos**. Die Bearbeitungszeit beträgt rund **15 Minuten**, das Lösungswort kann man gegebenenfalls etwas „ausbauen". Sehr gut eignet sich das Rätsel auch als Hausaufgabe.
Wird eine ausgiebigere Wiederholung angestrebt, kann man im Anschluss an das Rätsel den **umgekehrten Weg** beschreiten und den Schülern **Begriffe vorgeben**, für die sie dann möglichst aussagekräftige Formulierungen zu finden haben – das können nach dem Muster des Rätsels „Sätze" sein, in die diese Begriffe hineinpassen müssen oder auch kurze, aber präzise Definitionen; im Unterrichtsgespräch wird geklärt, welche der vorgeschlagenen Formulierungen jeweils die beste ist.

A – Adhäsion, Arbeit, Archimedes, Atmosphäre, Auftrieb
B – Balkenwaage, Barometer, Beschleunigung, Bewegungsenergie, Briefwaage
C – Celsius(skala) , Corioliskraft
D – Dampfmaschine, Dichte, Dieselmotor, Drehmoment, Drehsinn, Druck, Dynamo
E – Elektromotor, Energie, Erdgas, Erdöl, Erdwärme
F – Federkonstante, Federwaage, Fliehkraft, freier Fall
G – Gasgesetze, Gegenkraft, Generator, Geschwindigkeit, Getriebe, Gewichtskraft, Gleitreibung, Gravitation
H – Haftreibung, Hangabtriebskraft, Hebel, Heber, Heizwert, Hubarbeit, hydraulische Presse, hydrostatischer Druck
I – Impuls, innere Energie
J – Joule (mit anderem Kontext)
K – Kapillarkräfte, Kraftmesser, Kraftwandler, Kettengetriebe, Kilowattstunde, kinetische Energie, Kohäsion, Kompressor
L – Lageenergie, Längswellen, Laufwasserkraftwerk, Luftdruck, Luftpumpe
M – Manometer, Maschine, Megawatt
N – Newton, Normalkraft, Nutzenergie
O – Oberflächenspannung
P – Pascal, Peltonturbine, Pendel, potenzielle Energie, Primärenergieträger, Pumpen
Q – Quecksilber, Querwellen
R – Reibungskraft, Richtung, Riemengetriebe, Rolle, Rückstoß
S – schiefe Ebene, Schnellwaage, schweben, Schweredruck, Schwerkraft, schwimmen, Senkwaage, Seilmaschine, Solarzellen, Spannarbeit, Standfestigkeit, Steinkohleeinheiten (SKE), Stempeldruck
T – Trägheit, Turbine
U – Überdruck, Unterdruck
V – Vektor, Verbrennungsmotor, Verformung, Vergaser, Verzögerung, Viertaktmotor
W – Wärmeenergie, Wärmeströmung, Wärmepumpe, Wasserkraftwerk, Wellrad, Wirkungsgrad
Z – Zahnradgetriebe, Zeit, Zündkerze, Zündtemperatur, Zweitaktmotor

Hinweis: Aus den **zahlreichen Fachbegriffen** kann sich der Lehrer leicht ein **weiteres „ABC der Mechanik"** selbst zusammenstellen, vielleicht eines mit einer bestimmten Schwerpunktbildung oder eines für eine Parallelklasse, die nicht genau dasselbe Rätsel erhalten soll; auch der Schwierigkeitsgrad lässt sich durch die Auswahl der Begriffe variieren.

Wer sucht, der findet

– ein Rätselstern zur Wiederholung des _ _ _ _ _ _ _ begriffs (Fr)

Alle gesuchten Wörter enden auf den gleichen Buchstaben. Dieser Buchstabe steht auch als Formelzeichen für eine wichtige physikalische Größe.
Nenne den Namen, die Einheit und die Bedeutung dieser Größe!

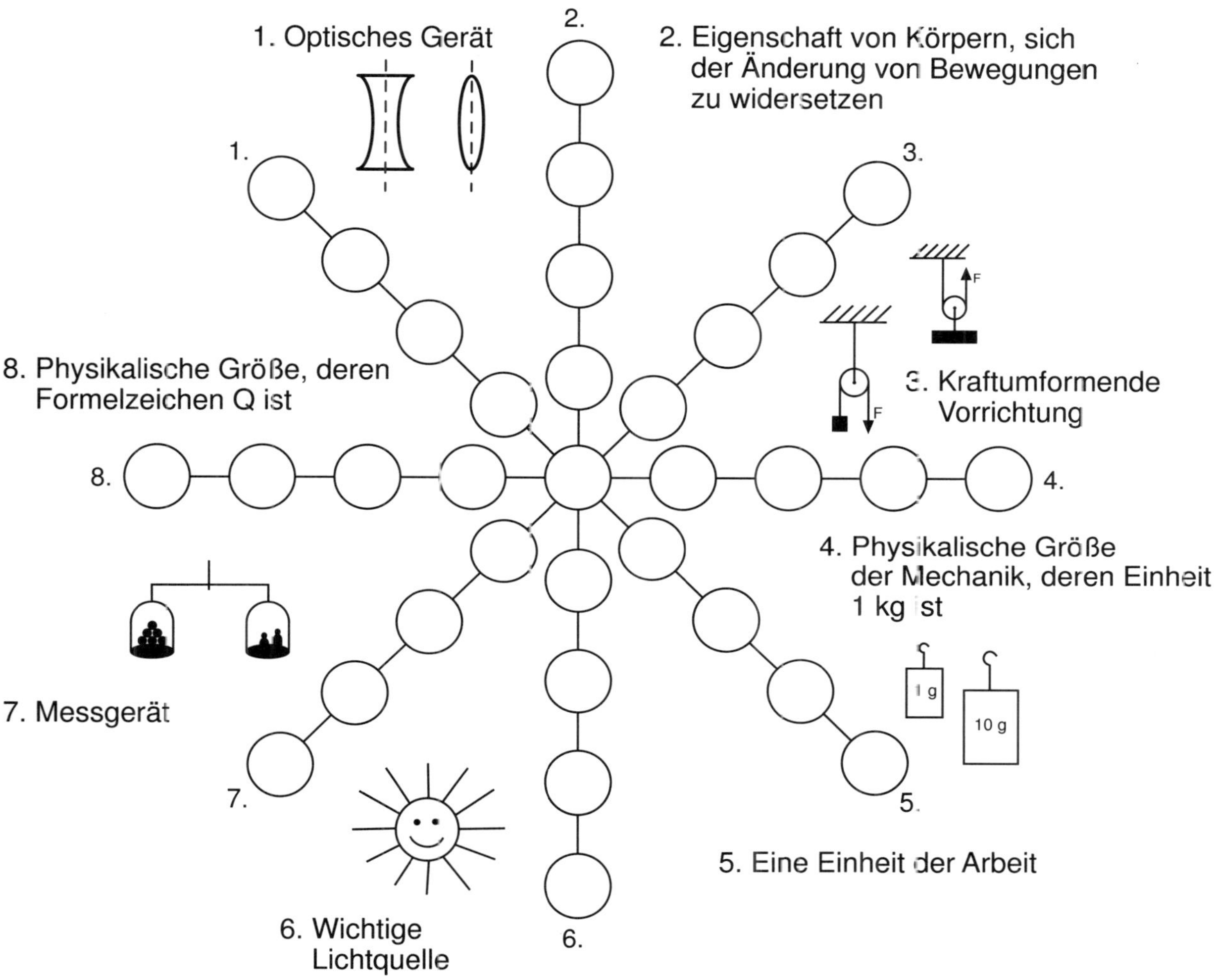

Aus: Neue Rätsel im Physikunterricht, Aulis Verlag Deubner & Co KG, Köln, 2001

30 **Lehrerseite**

Dieses Rätsel eignet sich zur ersten Wiederholung der physikalischen Größe Energie. Es kann am Ende der Einführungsstunde zur Energie oder zu Beginn der zweiten Stunde eingesetzt werden; die Bearbeitungszeit beträgt etwa 5 Minuten.

Lösung zum Rätsel 30:

1. Linse, 2. Träge, 3. Rolle, 4. Masse, 5. Joule, 6. Sonne, 7. Waage, 8. Wärme

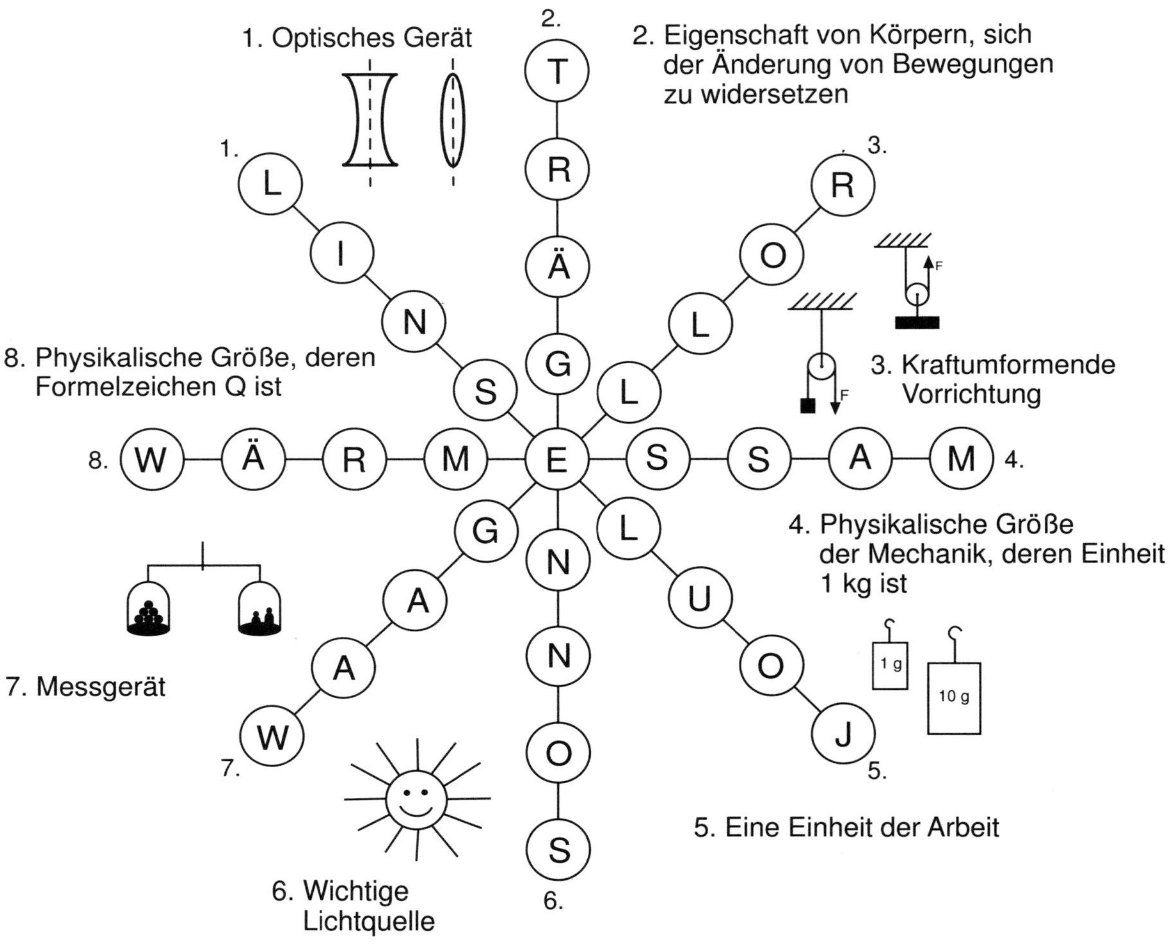

Größe: Energie
Einheit: 1 Joule (Kalorik), 1 Newtonmeter (Mechanik) oder 1 Wattsekunde (E-Lehre)

Bedeutung: Energie ist die Fähigkeit eines Körpers, Arbeit zu verrichten, Wärme abzugeben oder Licht auszusenden.

Energie(gewinnung) von A – Z

– ein Rätselalphabet (Rö)

Unter Energie versteht man in der Physik bekanntlich die Fähigkeit eines Körpers, Arbeit zu verrichten. Dass die verschiedenen Energieformen dabei (mehr oder weniger effektiv) ineinander umgewandelt werden, ist das Hauptthema dieses Rätsels.

Trage die gesuchten Begriffe in die entsprechenden Felder ein und beachte dabei: Ä = AE, Ö = OE, Ü = UE. Wie heißt das **Lösungswort**? Es ergibt sich aus den Buchstaben in den nummerierten Feldern.

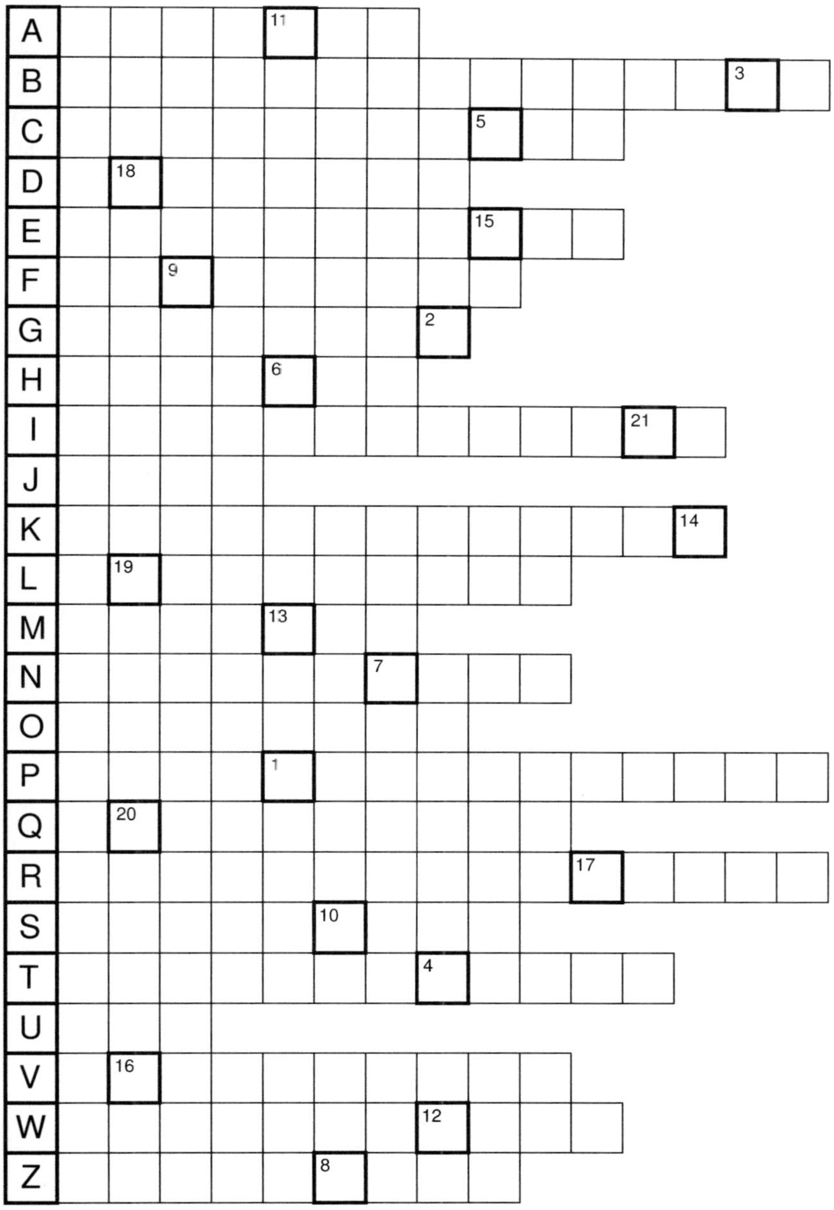

Lösungswort:

1	2	3	4	5	6	7	8	9	10	11	12	13	14	15	16	17	18	19	20	21

Aus: Neue Rätsel im Physikunterricht, Aulis Verlag Deubner & Co KG, Köln, 2001

Diese Begriffe werden gesucht:

A: Wärmeenergie, die bei technischen Prozessen ungenutzt an die Umgebung abgegeben wird („verloren geht"); **B**: eine Energieform; **C**: bei uns gebräuchliche Temperaturskala; **D**: Dreiphasenstrom; **E**: Vorrichtung zur Umwandlung elektrischer in mechanische Energie; **F**: Wärmeenergie, die nicht am Ort ihrer Herstellung genutzt wird; **G**: Vorrichtung zur Umwandlung mechanischer in elektrische Energie; **H**: Energie, die 1 kg eines Brennstoffs abgeben kann; **I**: auf Wärmestrahlung ansprechende Kamera; **J**: Maßeinheit für den Energieinhalt, auch z. B. den von Lebensmitteln; **K**: Maßeinheit für die (elektrische) Energie; **L**: eine weitere Energieform; **M**: allgemeine Bezeichnung für ein technisches Gerät, das die Arbeit erleichtert; **N**: zum gewünschten Zweck verwertete Energie; **O**: der bekannteste Verbrennungsmotor; **P**: Elektrizitätswerk, das (tägliche) Spitzenlast und (nächtliche) Schwachlast ausgleicht; **Q**: chemisches Element, dessen Dampf in Leuchtstoffröhren enthalten ist; **R**: energiereiche elektromagnetische Strahlen; **S**: Fotozelle auf Siliziumbasis zur Umwandlung von Licht in elektrische Energie; **T**: Spannungswandler; **U**: Kernbrennstoff; **V**: Bezeichnung für großräumig zusammengeschaltete Elektrizitätswerke; **W**: Quotient aus genutzter und eingesetzter Energie bei einer Maschine; **Z**: Bestandteil mancher Verbrennungsmotoren

– – – – – – – – – – – – – – – – – E – r – g – ä – n – z – u – n – g – – – – – – – – – – – – – – – –

Ein Motto für jeden Tag:

Du erhältst es, wenn du die Beispiele der Reihe nach liest und die Buchstaben auf den Verbindungslinien herausschreibst: __ __ __ __ __ __ __   __ __ __ __ __ __

1 2 3 4 5 6 7   8 9 10 11 12 13

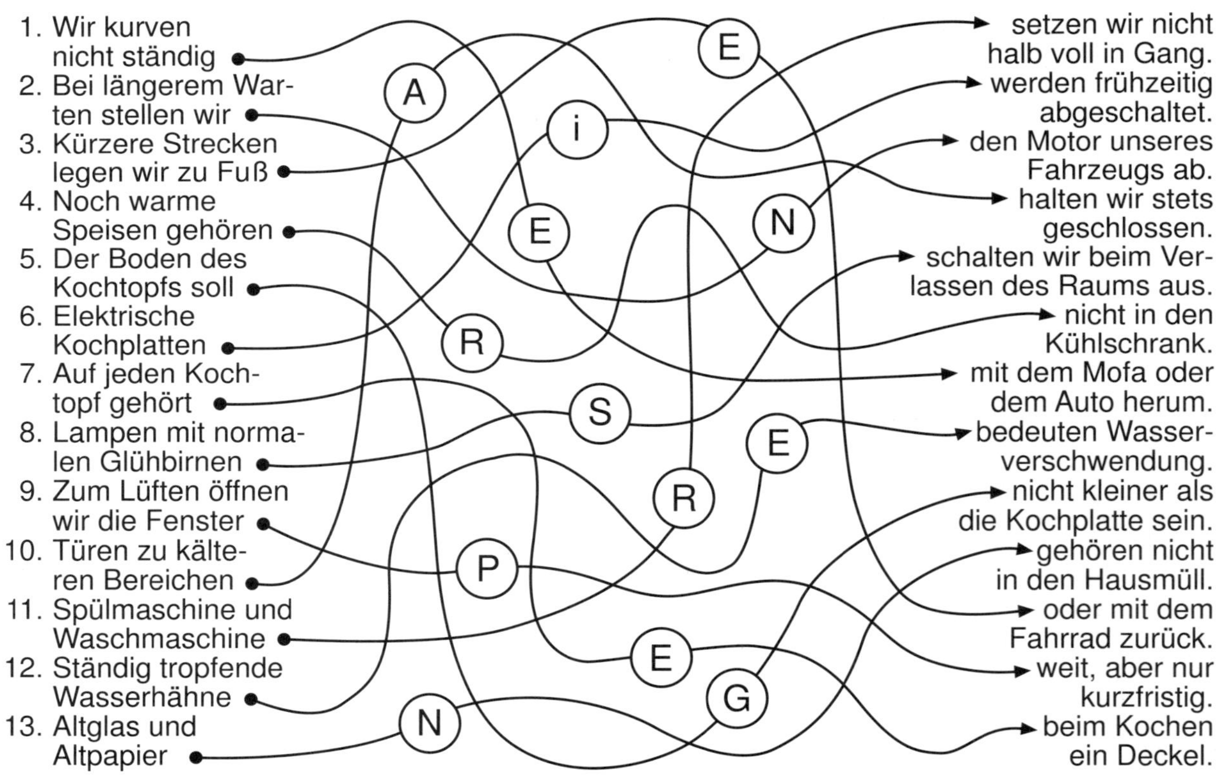

Aus: Neue Rätsel im Physikunterricht, Aulis Verlag Deubner & Co KG, Köln, 2001

Lösung und Ergänzung zu Rätsel 31:

Abwaerme, **B**ewegungsenergie, **C**elsiusskala, **D**rehstrom, **E**lektromotor, **F**ernwaerme, **G**enerator, **H**eizwert, **I**nfrarotkamera, **J**oule, **K**ilowattstunde, **L**ageenergie, **M**aschine, **N**utzenergie, **O**ttomotor, **P**umpspeicherwerk, **Q**uecksilber, **R**oentgenstrahlen, **S**olarzelle, **T**ransformator, **U**ran, **V**erbundnetz, **W**irkungsgrad, **Z**uendkerze

Lösungswort: PRIMAERENERGIETRAEGER

Der Energiebegriff zieht sich durch **alle Teilgebiete der Physik**. Dementsprechend ist auch das Rätsel inhaltlich breit gefächert. Die Fragen sind äußerst knapp formuliert, sie verknüpfen Mechanik, E-Lehre, Wärmelehre und Optik. Im Wesentlichen geht es um Energiearten, Energiegewinnung und Energieumwandlungen. Einige Fragen sind allgemein gehalten, die meisten haben **Praxisbezug**. Die Fragen sind auch deshalb **leicht** zu beantworten, weil die Anfangsbuchstaben der Antworten schon vorhanden sind. **10–15 Minuten** reichen zum Lösen aus.

Die schnellsten Schüler – besser alle – können **zusätzlich zum Rätsel** anhand von 13 Beispielen ein **„Motto für jeden Tag"** heraussuchen. Es sollte seitens des Lehrers darauf geachtet werden, dass die Schüler diese Beispiele, die alle aus ihrem Erfahrungsbereich stammen, auch lesen und inhaltlich erfassen (und nicht nur schnellstmöglich das Motto benennen). Das Anliegen der fünfminütigen Zusatzbeschäftigung besteht darin, dass jeder Einzelne einmal seine eigene Handlungsweise betreffs „Energie sparen" kritisch überprüft. Weitere Möglichkeiten des Einsparens von Energie können zusammengestellt werden.

Entflochten liest sich das Netzwerk so:

1. Wir kurven nicht ständig – – – – – **(E)** – – – mit dem Mofa oder dem Auto herum.
2. Bei längerem Warten stellen wir – – **(N)** – – – – – – – den Motor unseres Fahrzeugs ab.
3. Kürzere Strecken legen wir zu Fuss – **(E)** – – – – – – oder mit dem Fahrrad zurück.
4. Noch warme Speisen gehören – – – **(R)** – – – – – – – – – nicht in den Kühlschrank.
5. Der Boden des Kochtopfs soll – – – **(G)** – – – nicht kleiner als die Kochplatte sein.
6. Elektrische Kochplatten – – – – – – – **(I)** – – – – – – – werden frühzeitig abgeschaltet.
7. Auf jeden Kochtopf gehört – – – – **(E)** – – – – – – – – beim Kochen ein Deckel.
8. Lampen mit normalen Glühbirnen – **(S)** – schalten wir beim Verlassen des Raums aus.
9. Zum Lüften öffnen wir die Fenster – **(P)** – – – – – – – – weit, aber nur kurzfristig.
10. Türen zu kälteren Bereichen – – – – **(A)** – – – – – – – – halten wir stets geschlossen.
11. Spülmaschine und Waschmaschine – **(R)** – – – – setzen wir nicht halb voll in Gang.
12. Ständig tropfende Wasserhähne – – **(E)** – – – – – – bedeuten Wasserverschwendung.
13. Altglas und Altpapier – – – – – – – **(N)** – – – – – – gehören nicht in den Hausmüll.

Detektiv F. Neuton und der geplatzte Versicherungsbetrug
– eine Kriminalgeschichte zur Dynamik (Fr)

Detektiv F. Neuton lehnte sich zufrieden in seinem Sessel zurück. Wieder einmal hatte er einen mächtigen Konkurrenten ausgeschaltet, und das hatte ihm viel Ruhm eingebracht und die finanziellen Vorteile ... Doch gerade als er gemeinsam mit seiner Sekretärin diesen Sieg feiern wollte, klingelte es an der Tür des Privatdetektivs und ein gutgekleideter Herr im mittleren Alter ging davor nervös auf und ab. Unser Detektiv überlegte noch, ob er diesen Klienten ignorieren könnte, als die pflichtbewusste Sekretärin bereits schwungvoll die Tür öffnete und den Klienten hereinbat.

Der Mann, der hereinkam, trug ein geheimnisvolles Päckchen unter seinem Arm, das recht verdächtig klapperte.

„Dieser Mann, er hat meine kostbare Vase zerstört, und die Versicherung will nicht bezahlen."

F. Neuton verstand überhaupt nichts, aber das kannte er schon.

F. Neuton hatte gelernt, die erregten Klienten erstmal ausreden zu lassen und dann gezielt Fragen zu stellen. Also hörte er weiter einfach nur zu.

„Um nicht mit dem Auto im Stau zu stehen, habe ich nach dem Kauf der antiken Vase den Bus genommen. Der war natürlich total überfüllt. Trotzdem bekam ich einen Sitzplatz und sogar in Fahrtrichtung. Vor mir stand dieser seltsame Typ. Er konnte mich von Anfang an nicht leiden, und als dann der Bus an der Ampel scharf bremsen musste, fiel dieser Mann aufgrund der Trägheit nach hinten auf meinen Schoß und damit auf meine kostbare Vase. Es klirrte und alles war kaputt. Der seltsame Typ sprang an der nächsten Haltestelle aus dem Bus und war für mich als Zeuge verloren. Bitte finden Sie ihn und überzeugen Sie die Versicherung, dass sie mir den Schaden ersetzen muss, ich werde Sie dafür auch reich belohnen."

Der Mann nahm sein Portemonnaie aus der Tasche und legte 100 DM auf den Tisch.

Fast schon wollte der Privatdetektiv diesen gut bezahlten Auftrag annehmen, als ihm plötzlich, ausgelöst vom Wort Trägheit, seine frühere Physiklehrerin in den Sinn kam. Er spürte, dass in der Erzählung des Fremden etwas nicht stimmen konnte. F. Neuton überlegt kurz. „Geben Sie auf, sagte er dann plötzlich, diese dumme Geschichte glaubt Ihnen sowieso keiner. Das ist Versicherungsbetrug, was Sie vorhaben."

Der fremde Mann wurde rot, begann zu schwitzen und fragte ganz verblüfft: „Wie sind Sie mir denn auf die Schliche gekommen?"

Das verriet der Privatdetektiv natürlich nicht, aber vielleicht bekommst Du es ja heraus!

Lehrerseite

Lösung:

Falsch ist natürlich, dass der Mann aufgrund der Trägheit beim Bremsen nach hinten fiel. Er fällt beim Bremsen nach vorne. (Je nach Klassenstufe empfiehlt es sich an dieser Stelle die Durchführung eines kleinen Experimentes, um das Problem allen Schülern verständlich zu machen.)

Dieses Rätsel kann sowohl in Klasse 7 als auch in der Klasse 9 bei der Behandlung der Dynamik eingesetzt werden oder zwischendurch zu jeder anderen Zeit.

Aus: Neue Rätsel im Physikunterricht, Aulis Verlag Deubner & Co KG, Köln, 2001

Laut oder leise?

– ein fächerübergreifendes Kreuzworträtsel zur Akustik (Rö)

Findest du die passenden Begriffe? (Beachte beim Eintragen: Ä = AE, Ö = OE.) Die eingekreisten Buchstaben ergeben als **Lösung** ein **Sprichwort**. Was soll es uns sagen?

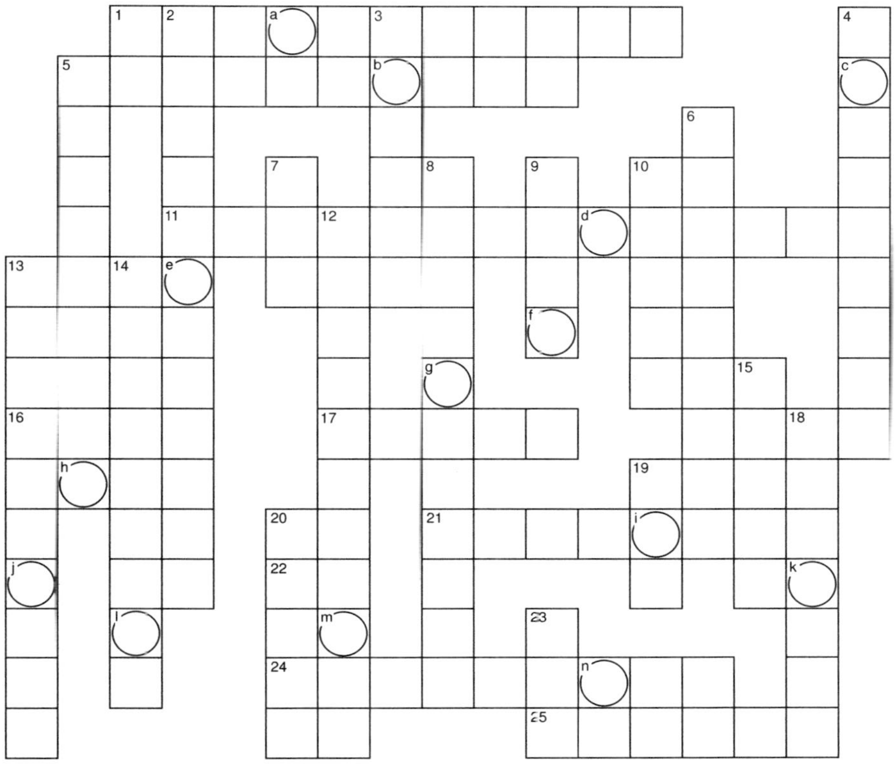

Waagrecht: 1. hochfrequenter Schall außerhalb unseres Hörbereichs; **5.** charakteristisches (Empfindungs)merkmal, durch das sich die Töne verschiedenartiger Instrumente voneinander unterscheiden; **11.** Teil des Innenohrs, in dem die akustischen Sinnesreize registriert und in Nervenreize umgewandelt werden; **16.** eine der beiden Ton„arten", der sog. Tongeschlechter, in der Musik (wird von uns als eher ernst empfunden); **17.** sehr laute, störende bis schädliche akustische Einwirkung, kann z. B. zu Schwerhörigkeit führen; **21.** Fachausdruck für Schwingungszahl pro Sekunde, ausschlaggebend für die Höhe eines Tons; **22.** Ton, ein Halbton tiefer als das e; **24.** die Aufeinanderfolge von Tönen (innerhalb einer Oktave); **25.** allgemeine Bezeichnung für akustische Sinneswahrnehmungen.

Senkrecht: 2. Fachausdruck für Wellen, bei denen die Teilchen in Ausbreitungsrichtung der Welle schwingen; **3.** die schwingungsfähigen Tonerreger der Streich- und Zupfinstrumente (und auch des Klaviers); **4.** Schall, dem kein periodischer Schwingungsvorgang zugrunde liegt; **5.** Ton, den die Stimmgabel angibt (440 Hz); **6.** Gesamtheit der Töne, die die Klangfarbe eines Instruments bewirken; **7.** Organ, in dem auch Dreh- und Lagesinn lokalisiert sind; **8.** schwingungsfähige Membran an der Grenze zwischen Außen- und Mittelohr; **9.** (hörbare) Folge der Reflexion von Schallwellen; **10.** kurzes, heftiges Schallereignis; **12.** Gerät, das Schwingungen sichtbar macht; **13.** Teil des Außenohrs, leitet den Schall in den Gehörgang; **14.** Fachausdruck für Schwingungsweite, bei lauten Tönen größer als bei leisen; **15.** Tongemisch; **18.** Maßeinheit für den Schalldruckpegel, Abkürzung dB; **19.** die andere der beiden Ton„arten" (klingt für uns eher heiter); **20.** Maßeinheit für die Frequenz, Abkürzung Hz; **23.** Ton, ein Halbton höher als das c.

Das Sprichwort heißt:

__ __ __   __ __ __   __ __ __ __ __   __ __ __   __ __ __ __ __

l c a   n f h   g b j d n   l k c   g i e k m

Aus: Neue Rätsel im Physikunterricht, Aulis Verlag Deubner & Co KG, Köln, 2001

Lösung und Erläuterungen zum Rätsel 33:

Waagrecht: 1. Ultraschall, 5. Klangfarbe, 11. Gehoerschnecke, 16. Moll, 17. Laerm, 21. Frequenz, 22. es, 24. Tonleiter, 25. Schall

Senkrecht: 2. Laengswellen, 3. Saiten, 4. Geraeusch, 5. Kammerton, 6. Obertoene, 7. Ohr, 8. Trommelfell, 9. Echo, 10. Knall, 12. Oszilloskop, 13. Ohrmuschel, 14. Amplitude, 15. Klang, 18. Dezibel, 19. Dur, 20. Hertz, 23. cis

Das Sprichwort heißt: DER TON MACHT DIE MUSIK.

Die Fragen reichen von der **Physik** über die **Biologie** bis zur **Musik**; es geht – jeweils in einfachster Form – um den Schall als physikalisches Phänomen, seine Registrierung, seine Wahrnehmung, seine Auswirkung. Der Physiklehrer kann i. a. davon ausgehen, dass das Ohr als Sitz mehrerer mechanischer Sinnesorgane im Biologieunterricht bereits besprochen wurde. Musikalisches Vorwissen ist zum Beantworten der Fragen kaum erforderlich. Mit dem Rätsel kann man die **Akustik abschließen** und zugleich auf **fächerübergreifende Bezüge** hinweisen. Das Rätsel ist **leicht** lösbar; die Bearbeitungszeit beträgt **10–15 Minuten**.

Man sollte nicht versäumen, mit den Schülern den **Sinn des Sprichworts** herauszuarbeiten – schon im Vorwort zum Rätsel werden sie aufgefordert, sich darüber Gedanken zu machen.

Im Zusammenhang mit dem Rätsel ist die Frage nahe liegend, **in welcher Weise unser Ohr ein Schallereignis**, z. B. einen Klang, **registriert**. Aufschlussreich hierfür ist, dass unterschiedliche Wellenzüge, die bei der Interferenz zweier Töne infolge gegenseitiger Phasenverschiebung entstehen (**Abb. 1**), die gleiche Klangempfindung hervorrufen. Daraus folgt, dass in der Gehörschnecke die auf das ovale Fenster aufgebrachten Druckschwankungen offenbar nicht als solche registriert werden, sondern **jeder Ton einzeln**. Das wird durch die im Folgenden beschriebene **Frequenz-Orts-Transformation** erreicht.

Die Schwingungen des Steigbügels übertragen sich vom ovalen Fenster der Gehörschnecke (**Abb. 2**) auf die *Peri*lymphe des oberen, dann die des unteren Schneckengangs bis zum runden Fenster (wo Druckausgleich stattfindet) und setzen dabei den **elastischen mittleren Schneckengang in Schwingung**. Entlang dieses *Endo*lymphschlauchs (dessen untere Begrenzung die Basilarmembran mit den Hörzellen ist) bilden sich **Wanderwellen** aus, die je nach Frequenz an einer bestimmten Stelle ihre maximale Auslenkung erreichen (**Abb. 3**) und kurz danach weggedämpft werden. (Die Basilarmembran ist 33,5 mm lang, ihre Breite nimmt von nur 0,04 mm an der Basis auf 0,495 mm an der Schneckenspitze zu.) Die durch **hohe Töne** hervorgerufenen Amplitudenmaxima bilden sich bereits **nahe beim ovalen Fenster** aus (sie werden als erste weggedämpft), die durch tiefe Töne hervorgerufenen mehr **in Richtung Schneckenspitze**. Erregt werden diejenigen Hörsinneszellen auf der Basilarmembran, die im Bereich des jeweiligen Amplitudenmaximums liegen. Das beschriebene Entmischen der Wanderwellen wird auch als **Frequenzdispersion** bezeichnet.

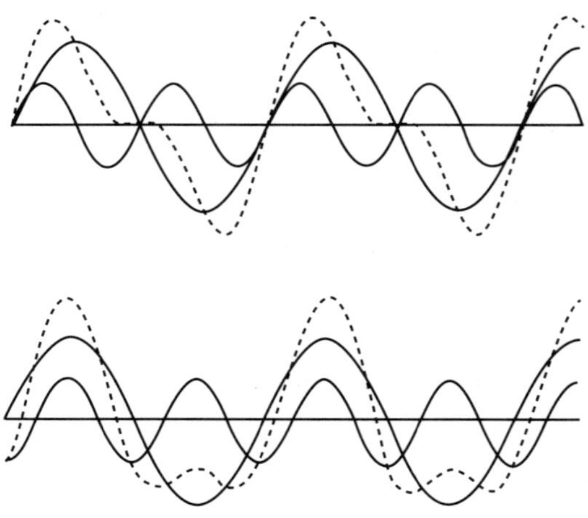

Abb. 1: Interferenz zweier Sinusschwingungen
Trotz Phasenverschiebung der Komponenten werden beide Klänge als gleich empfunden.

Abb. 2: Schnitt durch die Gehörschnecke (schematisch)
Es bedeuten: oF, rF = ovales Fenster / rundes Fenster; oS, mS, uS = oberer / mittlerer / unterer Schneckengang; B = Basilarmembran.

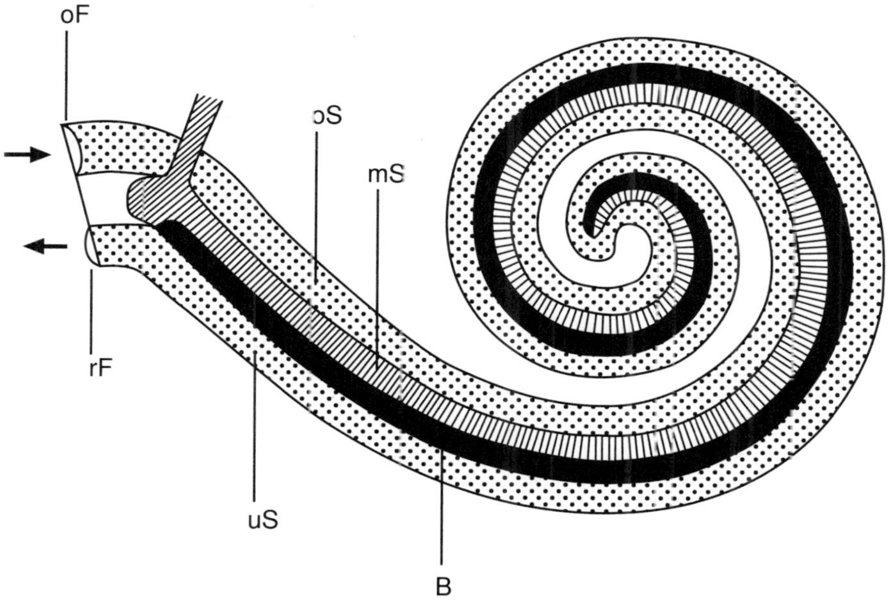

Abb. 3: Lage der Amplitudenmaxima auf der Basilarmembran für verschiedene Frequenzen
Die Basilarmembran hat eine Länge von 33,5 mm (siehe x-Achse).
Hohe Töne werden nahe dem ovalen Fenster registriert, tiefe nahe der Schneckenspitze.

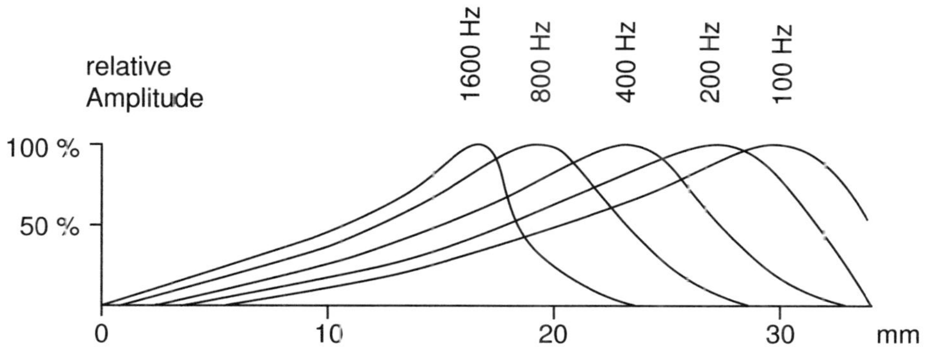

(Abb. nach: Rein-Schneider, Einführung in die Physiologie des Menschen. Springer-Verlag, Berlin 1971; vereinfacht, geringfügig verändert)

Das griechische Alphabet
– ein Suchrätsel zur Wiederholung in der Sek. I (He)

In der Physik und in der Mathematik werden verschiedene Größen mit griechischen Buchstaben bezeichnet. Das griechische Alphabet besteht aus den folgenden 24 Buchstaben:

Α	α	Alpha	Η	η	Eta	Ν	ν	Ny	Τ	τ	Tau
Β	β	Beta	Θ	θ, ϑ	Theta	Ξ	ξ	Xi	Υ	υ	Ypsilon
Γ	γ	Gamma	Ι	ι	Jota	Ο	ο	Omikron	Φ	ϕ	Phi
Δ	δ	Delta	Κ	κ	Kappa	Π	π	Pi	Χ	χ	Chi
Ε	ε	Epsilon	Λ	λ	Lambda	Ρ	ρ	Rho	Ψ	ψ	Psi
Ζ	ζ	Zeta	Μ	μ	My	Σ	σ, ς	Sigma	Ω	ω	Omega

Das Rätsel:
Der nachfolgende Text enthält Lücken, in welche die 24 Buchstaben so eingetragen werden müssen, dass sich eine sinnvolle Geschichte ergibt. Jeder Buchstabe wird dabei genau einmal verwendet. Es stehen nie zwei Buchstaben unmittelbar hintereinander. Die Buchstaben sind entsprechend ihrer Schreibweise zu verwenden. Aus diesem Grund stimmt die phonetische Aussprache der Buchstaben nicht immer mit den im Text enthaltenen Wörtern überein.

Beispiel: Der Ra[b][e] [t][a]uchte in den Himmel ein. (Buchstabe **Beta**)

Aus: Neue Rätsel im Physikunterricht, Aulis Verlag Deubner & Co KG, Köln, 2001

Ein Besuch bei der Großmutter

Tom wa□ □□ch erfreut, dass er gerade die Schule beendet hatte, und es s□□□en so, dass er nach den Ferien mit etwas Glüc□ □□□□rate für □□loten im Betrieb seines Onkels Ha□□ □□pezieren würde. Heute wollte er seine Großmutter besuchen, die vor langer Zeit □□□losophie studiert hatte.

Die Großmutter wohnte in der 3. □□□ge eines Mietshauses. Er klingelte, und als sich die Tür öffnete, kam ihm zunächst eine Kat□□ □□umelnd entgegen. Dahinter stand seine Omi, und Tom sah s□□□nend, dass sie □□lonstrümpfe trug. Der Junge hatte ihr Blumen mitgebracht, bei deren Anblick die Oma ins Schwärmen kam: „Damals auf der □□□ □□ben dein Großvater und ich ..." Sie hielt inne. Beide gingen ins Wohnzimmer. Auf dem Tisch war das englische Magazin „□□□ □□ste Of □□ Own" aufgeschlagen – ein Journal für guten Geschmack, welches ihrem Ty□ □□cherlich entsprach –, außerdem lagen neben einer Flasche F□□□□ □□□glife-Batterien für die Fernbedienung. Und siehe da – ihr kleiner Pu□□□ □□uchte in diesem Moment auf und zo□ □□ □□ntel, den Tom noch an hatte. Der Junge setzte sich an den Tisch, und seine Oma servierte Linsen, die sie stets mit Es□□□ □□chte. Vor dem Essen musste Tom noch ein Ge□□□ □ufsagen.

Es war bereits spät geworden, und Tom musste gehen. Zum Abschied gab ihm seine □□□ □□□□korken für seine Sammlung mit. Auf dem Heimweg sah er an einer Wand eine große Leuchtreklame. Er konnte das Wort PARTYBOOM lesen, wobei durch Zufal□ □□ □ □□s Licht ausgefallen war und außerdem das □□□□□□□ flackerte. Wieder zu Hause angekommen, begrüßte ihn seine Schwester Tri□□ sehr herzlich. Doch sie merkte, dass ihre nette Art T□□ □□□l war.

Aus: Neue Rätsel im Physikunterricht, Aulis Verlag Deubner & Co KG, Köln, 2001

Lösung und Ergänzungsvorschlag zum Rätsel 34:

Die Buchstaben müssen in folgender Reihenfolge eingesetzt werden:
1. Abschnitt: Rho, Chi, Kappa, Pi, Jota, Phi,
2. Abschnitt: Eta, Zeta, Tau, Ny, Alpha, Theta, My, Psi, Epsilon, Delta, Gamma, Sigma, Beta,
3. Abschnitt: Omikron, Lambda, Ypsilon, Xi, Omega.

Didaktische Hinweise:
Durch die Vorgabe des griechischen Alphabetes auf dem Arbeitsblatt lässt sich dieses Rätsel in jeder Klassenstufe einsetzen. Es muss den Schülern erklärt werden, dass in dem Rätsel die phonetische Aussprache der Buchstaben nicht immer mit den Wörtern im Sinne des Textes übereinstimmt.

Ergänzungsvorschlag (nur für ältere Schüler):
Man lässt die Schüler physikalische Größen bzw. Größen aus der Mathematik heraussuchen, die mit griechischen Buchstaben bezeichnet werden. Dabei können auch Dopplungen auftreten.

Beispiele:

α Längenausdehnungskoeffizient, Winkelbeschleunigung, Einfallswinkel

β Spannungskoeffizient, Brechungswinkel

γ Volumenausdehnungskoeffizient

δ Abklingkoeffizient

ε Dielektrizitätszahl, elastische Dehnung, Emissionsgrad

ζ Zeta-Funktion (Theorie der Primzahlen)

η Wirkungsgrad, Viskosität

ϑ Temperatur

ι keine Verwendung

κ elektrische Leitfähigkeit

λ Wellenlänge, Zerfallskonstante

μ Reibungszahl, Permeabilitätszahl

ν Frequenz, Stoffmenge

ξ Xi-Teilchen (Gruppe der Baryonen)

o keine Verwendung

π Symbol für Pionen (Mesonen), Kreiszahl

ρ Dichte, spezifischer elektrischer Widerstand

σ mechanische Spannung, Rotationswinkel

τ Abklingzeit, mittlere Lebensdauer, Schubspannung

υ Ypsilon-Teilchen (Gruppe der Mesonen)

ϕ elektrisches Potenzial

χ elektrische und magnetische Suszeptibilität

ψ Druckkoeffizient, elektrischer Fluss

ω Winkelgeschwindigkeit, Kreisfrequenz

Galgenraten
– ein Begriffe-Raten (Fr)

Jeder kennt sicher das Spiel „Galgenraten“. Warum also nicht mal physikalische Begriffe raten und somit die letzten Minuten einer Stunde (z. B. nach einer etwas längeren Kurzkontrolle) „sinnvoll“ gestalten?!

Die Klasse wird dazu in zwei Gruppen eingeteilt (z. B. Mädchen, Jungen oder linke bzw. rechte Bankreihen …).

Danach denkt sich der Lehrer einen physikalischen Begriff aus und schreibt den ersten Buchstaben des Wortes an die Tafel. Für jeden weiteren Buchstaben zeichnet er einen waagerechten Strich.

Nun beginnt Team Nummer 1, Buchstaben zu raten. Wenn der Buchstabe richtig ist, ersetzt man den entsprechenden Strich an der Tafel, und die Gruppe ist weiter an der Reihe. Bei einem falschen Buchstaben ist Gruppenwechsel. (Anstelle von Buchstaben kann man auch Lösungsvorschläge unterbreiten. Die Regeln gelten auch hier.)

Das Team, das den Begriff errät, bekommt einen Punkt. Nun kann der Lehrer entweder das nächste Wort an die Tafel schreiben oder Fragen für Zusatzpunkte stellen (z. B.: Aus welchem Stoffgebiet stammt der Begriff? Was bedeutet er?).

Sieger ist das Team mit den meisten Punkten.

Didaktische Vorschläge:
Es kann auch Spaß machen, einen neuen Begriff über „Galgenraten“ einzuführen, d. h. die Schüler müssen am Anfang der Stunde das Stundenthema erraten. Positiver Nebeneffekt des Spielens: Die Schüler haben eine freudige Assoziation zu diesem Begriff und behalten ihn dementsprechend besser.
Eine abgewandelte Alternative sind Bilderrätsel. Auch hierbei müssen die Schüler einen Begriff erraten, der sie dann eine oder mehrere Stunden beschäftigen soll.

Physikalische Einheiten
– ein Suchrätsel zur Wiederholung in der Sek. I (He)

In dem folgenden Text sind Einheiten von physikalischen Größen versteckt. Die Begriffe können dabei über mehrere Wörter verlaufen. Unterstreiche die Einheiten.

Das Tun des Möglichen

Georg-Jochen Ryssel, ein Urenkel Vinetas, trampte mit Banjo u. Leier zu Fuß nach Lubmin. Ute und Else, Kunden eines Watte-Produzenten, begleiteten ihn. Dazu sang ein Armenier – er besaß einen gezähmten Schakal – orientalische Weisen. Molly, eine luxuriöse, emanzipierte Granate, deren dynamischer Gesangsstil begeisterte, ergötzte Georg außerdem. Sie hatte slawische Webereien gemacht. Sepp ondulierte ihr als Dank eine Blume ins Haar.

Der Tramper erreichte die stickige Atmosphäre eines Kaufhauses. In der 3. Etage durfte er grade ein Mofa-Rad abholen. Als er durch das wunderbare Stadttor radelte – eine Schalmei leierte zur Begrüßung grauenhafte Töne – sah er, wie eine betrunkene Katze im Met ertrank.

Auf seinem schnellen Pferde, stärker als zuvor, erinnerte er sich an Opas Calgary-Siege. Selbst Newton neidete ihm damals seine Erfolge. In dem Buch „Literatur und Grammatik des Mittelalters", beschert zu Weihnachten, las er, dass 50 Prozent nervöser Schüler während einer Revolte in einer Scheune standen. Sie schmückten das Tennenquadrat meterlang mit zollfreien Girlanden. Das Stroh mausten sie nicht.

Aus: Neue Rätsel im Physikunterricht, Aulis Verlag Deubner & Co KG, Köln, 2001

Lösung und Ergänzungsvorschlag zum Rätsel 36:

Stunde, Joch, Henry, Kelvin, Joule, Fuß, Minute, Sekunde, Watt, Ar, Kalorie, Mol, Lux, Eman, Gran, Dyn, Stilb, Ster, Erg, Gauß, Tesla, Weber, Mach, Pond, Ampere, Atmosphäre, Tag, Grad, Farad, Bar, Torr, Meile, Meter, Elle, Pferdestärke, Pascal, Newton, Tonne, Liter, Gramm, Hertz, Zentner, Volt, Quadratmeter, Zoll, Ohm.

Didaktische Hinweise:
Je nach Altersstufe wird die Anzahl der gefundenen Einheiten größer. Deshalb ist es nicht notwendig und auch nicht möglich, dass die Schüler alle in diesem Text vorkommenden Einheiten finden. Es können aber bestimmte zahlenmäßige Vorgaben erfolgen, z. B.: Finde mindestens 15 Einheiten in 10 Minuten usw.

Als **Ergänzungsmöglichkeit** bietet sich an, die Schüler die physikalischen Größen bestimmen zu lassen, die in diesen Einheiten angegeben werden:

Einheit	Größe
Stunde	Zeit
Joch *)	Flächeninhalt (Ackerbau)
Henry	Induktivität
Kelvin	Temperatur
Joule	Arbeit, Energie oder Wärme
Fuß	Länge
Minute	Zeit
Sekunde	Zeit
Watt	Leistung
Ar	Flächeninhalt
Kalorie *)	Wärme oder Energie
Mol	(Teilchen-)Anzahl
Lux	Beleuchtungsstärke
Eman	Radioaktiver Gehalt
Gran	Masse eines Pfefferkorns
Dyn *)	Kraft
Stilb	Leuchtdichte
Ster	Volumen (Forstwirtschaft)
Erg *)	Arbeit oder Energie
Gauß	Magnetische Induktion
Tesla	Magnetische Flussdichte
Weber	Magnetischer Fluss
Mach	Mach-Zahl (Flugwesen)

Einheit	Größe
Pond *)	Kraft
Ampere	Elektrische Stromstärke
Atmosphäre	Druck
Tag	Zeit
Grad	Temperatur
Farad	Elektrische Kapazität
Bar	Luftdruck
Torr *)	Luftdruck
Meile	Strecke, Länge oder Weg
Meter	Strecke, Länge oder Weg
Elle *)	Strecke, Länge oder Weg
Pferdestärke *)	Leistung (Verkehrswesen)
Pascal	Druck
Newton	Kraft
Tonne	Masse
Liter	Volumen
Gramm	Masse
Hertz	Frequenz
Zentner	Masse
Volt	Spannung
Quadratmeter	Flächeninhalt
Zoll	Länge
Ohm	Elektrischer Widerstand

*) veraltete (historische) Einheiten

Der Wellenreiter

– ein Silbenrätsel zu Grundbegriffen aus der Schwingungs- und Wellenlehre (Rö)

Schwingungen und Wellen gibt es in allen Teilbereichen der Physik. Die im Rätsel erfragten Grundbegriffe lassen sich aus den folgenden Silben kombinieren (verwendete Silben stets ausstreichen). Das **Lösungswort** erhält man, wenn man die bezifferten Buchstaben der Antworten der Reihe nach liest.

am – be – bung – dämp – de – de – di – dopp – e – ef – ei –
far – fe – fekt – fre – fre – fung – ga – ge – gen – gi – gung – in – kehr – klang – kurz –
la – la – län – le – le – len – len – ler – lon – lon – nal – nanz – o – on – on – os –
pe – pha – pli – po – punkt – quenz – quenz – re – renz – ri – ri –
sa – sal – schwe – schwin – se – so – ter – ti – ti – tor – tra – trans – tu – tu – um – ul –
ver – wel – wel – wel – wel – zil

1. die jeweilige Entfernung eines schwingenden Körpers von seiner Ruhelage, heißt auch Auslenkung .... 6 = ...
2. die größte Auslenkung eines schwingenden Körpers, wird auch als **Schwingungsweite** bezeichnet .... 2 = ...
3. Zeit zwischen zwei aufeinander folgenden gleichen Schwingungszuständen, heißt auch **Schwingungsdauer** .... 1 = ...
4. Welle, bei der die Teilchen in Ausbreitungsrichtung der Welle schwingen, wird auch Längswelle genannt .... 1 = ...
5. Bezeichnung für einen um eine Gleichgewichtslage hin und her pendelnden (Bewegungs)vorgang .... 5 = ...
6. Fachausdruck für die Überlagerung von Wellen .... 3 = ...
7. Welle mit periodischer Amplitudenänderung infolge der Überlagerung von Wellen fast gleicher Frequenz .... 7 = ...
8. Bezeichnung für die Abnahme der Amplitude einer Schwingung oder Welle .... 1 = ...
9. Mitschwingen eines Systems bei Übereinstimmung seiner Eigenfrequenz mit der Erregerfrequenz .... 2 = ...
10. Entfernung zweier benachbarter Teilchen im gleichen Schwingungszustand .... 6 = ...
11. „Punkt" einer mechanischen Schwingung, an dem die Geschwindigkeit des Pendels gleich Null ist .... 2 = ...
12. Fachausdruck für „schwingendes System" .... 1 = ...
13. Effekt, der auftritt, wenn Beobachter und Wellenerreger sich relativ zueinander bewegen .... 1 = ...
14. Anzahl der Schwingungen pro Sekunde, wird auch **Schwingungszahl** genannt .... 5 = ...
15. Radiowellen mit Wellenlängen zwischen 1 und 10 m und Frequenzen zwischen 30 und 300 MHz .... 2 = ...
16. der augenblickliche **Schwingungszustand** .... 3 = ...
17. Welle, bei der die Einzelschwingungen senkrecht zur Ausbreitungsrichtung erfolgen, heißt auch Querwelle .... 1 = ...
18. Bezeichnung für die (bzw. jede) charakteristische Frequenz eines schwingungsfähigen Systems .... 2 = ...
19. Erscheinung, die nur bei Querwellen auftritt .... 2 = ...
20. typisches Merkmal eines Musikinstruments, entsteht durch Überlagerung von Grundton und Obertönen .... 4 = ...

Lösungswort: ....

Aus: Neue Rätsel im Physikunterricht, Aulis Verlag Deubner & Co KG, Köln, 2001

Lösung und Erläuterungen zum Rätsel 37:

1. Elongation, 2. Amplitude, 3. Periode, 4. Longitudinalwelle, 5. Schwingung, 6. Interferenz, 7. Schwebung, 8. Dämpfung, 9. Resonanz, 10. Wellenlänge, 11. Umkehrpunkt, 12. Oszillator, 13. Dopplereffekt, 14. Frequenz, 15. Ultrakurzwellen, 16. Phase, 17. Transversalwelle, 18. Eigenfrequenz, 19. Polarisation, 20. Klangfarbe

Lösungswort: AMPLITUDENMODULATION

In dem Rätsel werden grundlegende Begriffe aus der Schwingungs- und Wellenlehre erfragt. Die Fragen sind **einfach formuliert**, diejenigen nach vier besonders wichtigen Begriffen (Schwingungsweite, -dauer, -zahl, -zustand) sind optisch hervorgehoben. Die Begriffsumschreibungen haben teils verallgemeinernden Charakter, teils nehmen sie Bezug auf einzelne Teilgebiete der Physik. Das Rätsel kann in **15 Minuten** fertig bearbeitet sein, das **Lösungswort** ist den Schülern in der Regel unbekannt und muss erläutert werden.

Das Rätsel richtet sich vor allem an Schüler der **Sekundarstufe II** (Jahrgang 11/12). Hier dient es der **Wiederholung und Wissensfestigung** der Lerninhalte einer ersten Unterrichtseinheit zum Thema Schwingungen und Wellen, in der die mathematische Seite des Themas noch keine Rolle spielte. In der **Sekundarstufe I** (Klasse 10) lässt sich das Rätsel einsetzen, falls zuvor hier und da Kapitel oder Beispiele besprochen wurden, bei denen es um Schwingungsvorgänge ging (z. B. Fadenpendel als Energiewandler, Schallwellen, Wasserwellen, die Polarisation des Lichts, das elektromagnetische Spektrum). Hier könnte man das Rätsel nutzen, um die diesbezüglich erworbenen **Kenntnisse zu bündeln und verallgemeinernd darzustellen**.

Das **Lösungswort** ermöglicht Ergänzungen unterschiedlicher Art, auch auf unterschiedlichem Niveau – das zeigen schon die folgenden Definitionen des Begriffs **Modulation**:

* Unter Modulation versteht man die Veränderung von Merkmalen einer Schwingung entsprechend dem Verlauf einer zweiten Schwingung (für Klasse 10).
* Unter Modulation versteht man die Multiplikation von Schwingungen (für die S II).

Bei der **Amplitudenmodulation** wird die Amplitude einer hochfrequenten Trägerwelle (HF) durch die Signale einer niederfrequenten Schwingung (NF) verändert, indem die positiven Halbschwingungen der NF die Amplitude der HF vergrößern, ihre negativen sie erniedrigen (**Abbildung, linker Teil**); und zwar geschieht beides um so mehr, je größer die ursprüngliche Lautstärke der Nachricht war. Amplitudenmodulation wendet man z. B. beim Rundfunk im Lang-, Mittel- und Kurzwellenbereich und beim Fernsehen zur Bildübertragung an. Im UKW-Bereich findet dagegen **Frequenzmodulation** statt. Hierbei wird die Frequenz einer hochfrequenten Trägerwelle im Rhythmus der aufmodulierten niederfrequenten Schwingung derart verändert, dass die positiven Halbschwingen der NF die Frequenz der HF erhöhen, ihre negativen sie erniedrigen (**Abbildung, rechter Teil**).

Abbildung: Mit einer niederfrequenten Schwingung (NF) amplitudenmodulierte (a) und frequenzmodulierte (b) hochfrequente elektromagnetische Trägerwelle (HF)

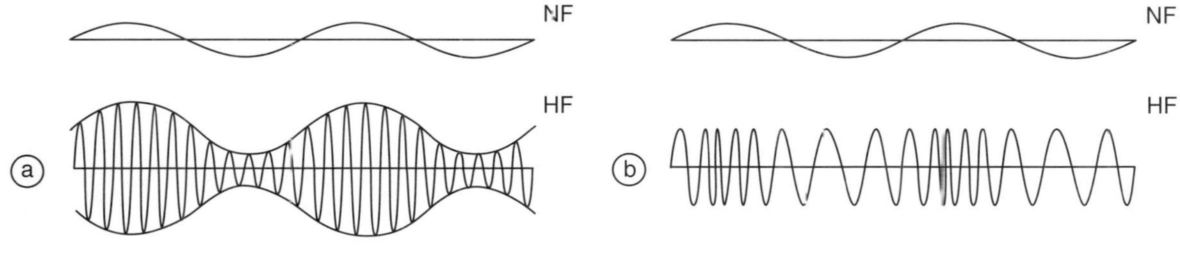

Anmerkungen zur Abbildung: Der volle Bedeutungsinhalt der dargestellten Wellenzüge ist für Schüler der Klasse 10 noch nicht zu verstehen. Schüler der S II müssen deutlich darauf hingewiesen werden, dass einer Modulation keine Addition von Schwingungen zugrunde liegt, sie also nichts mit Interferenz zu tun hat.

Vorsicht Strahlung

– ein Kreuzworträtsel zur Radioaktivität (Fr)

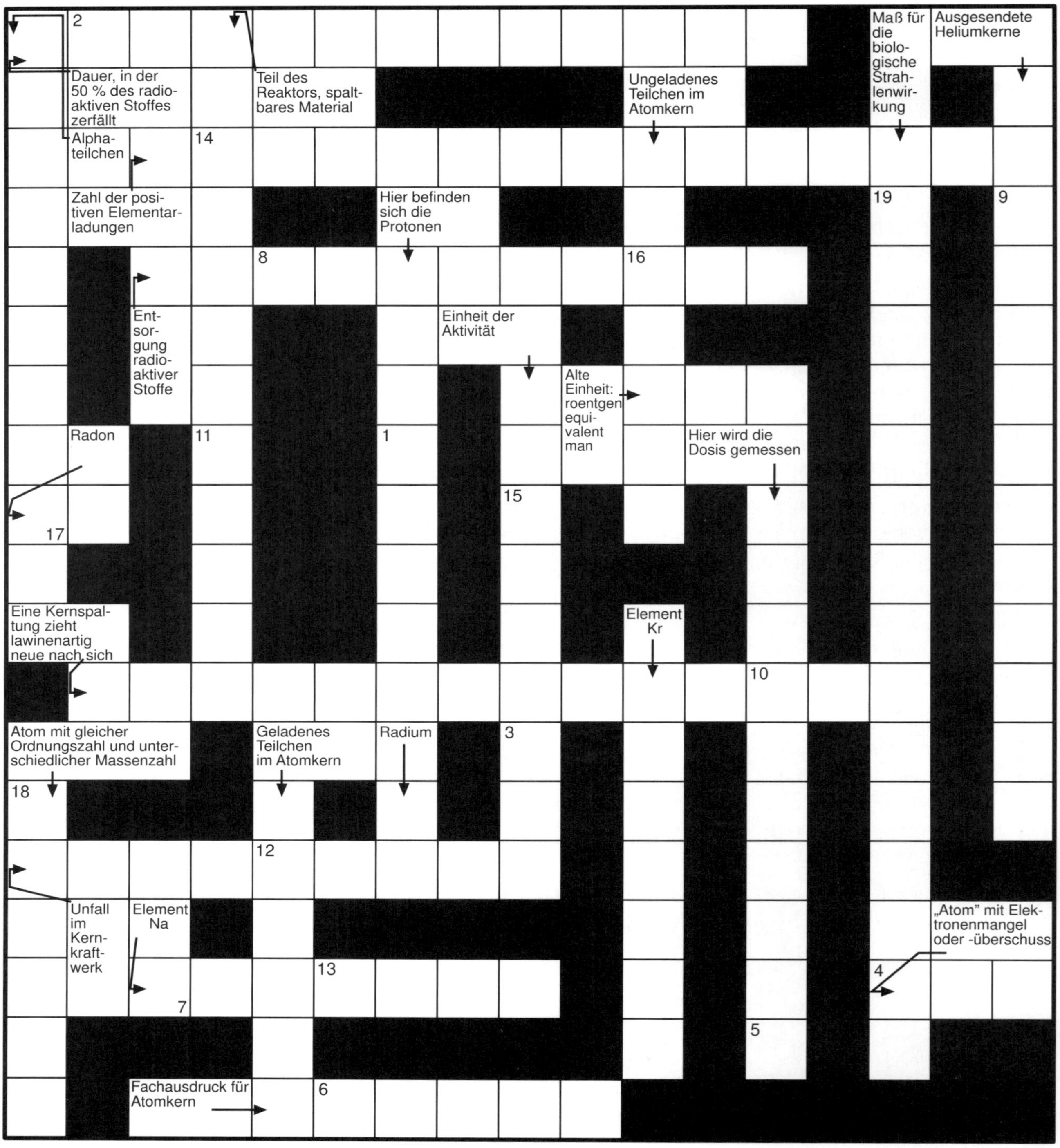

Die Lösung ist eng mit der Entdeckung der Radioaktivität bestimmter Elemente verknüpft.

1	2	3	4	5		6	7	8		9	10	11	12	13	14		15	16	17	18	19

Aus: Neue Rätsel im Physikunterricht, Aulis Verlag Deubner & Co KG, Köln, 2001

Lösung zum Rätsel 38:

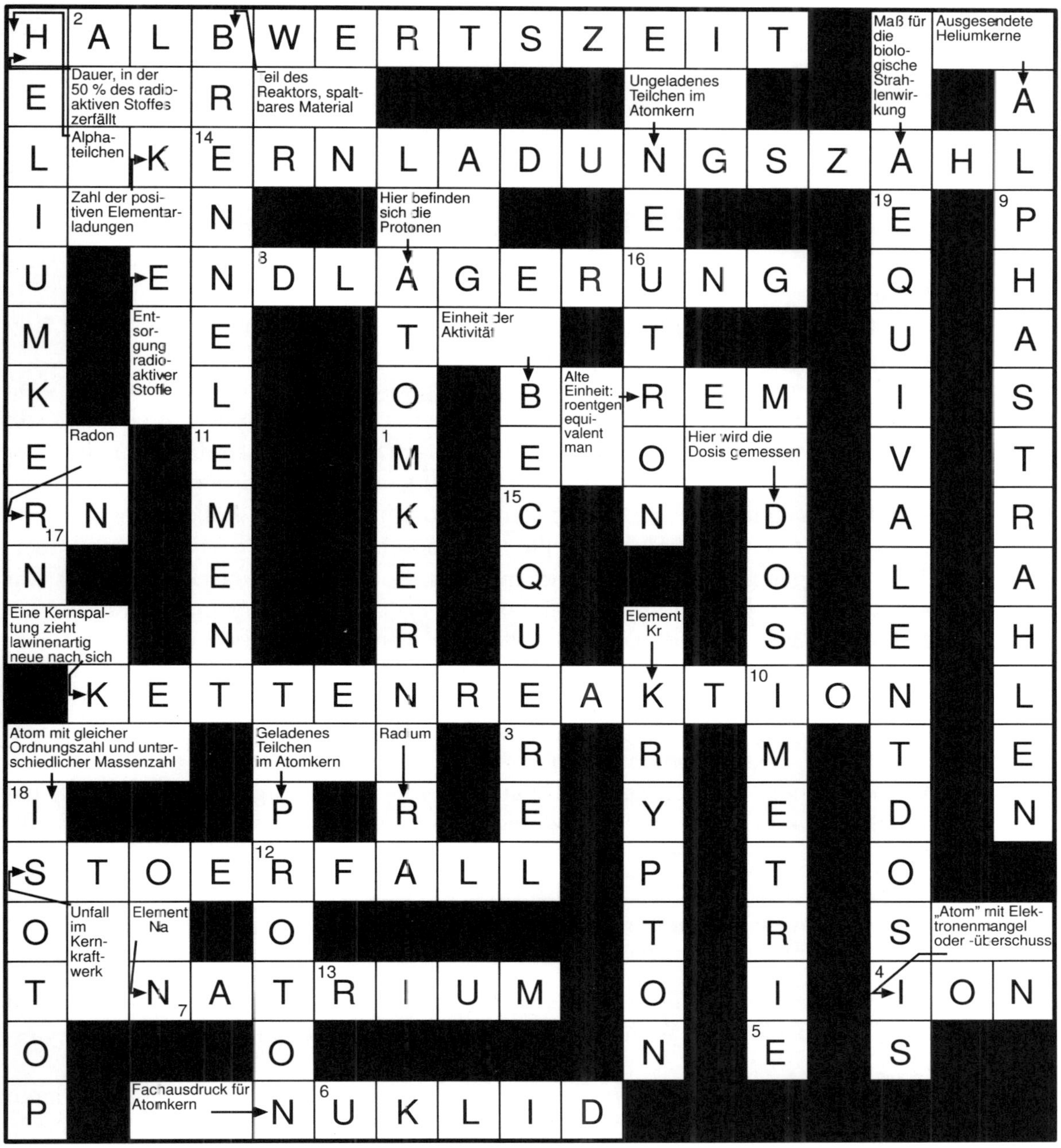

Die Lösung ist eng mit der Entdeckung der Radioaktivität bestimmter Elemente verknüpft.

1	2	3	4	5		6	7	8		9	10	11	12	13	14		15	16	17	18	19
M	A	R	I	E		U	N	D		P	I	E	R	R	E		C	U	R	I	E

Anregung:
Anschließend kann die Lehrkraft über die Verdienste historischer Persönlichkeiten wie Hahn und Meitner oder auch über die Curies berichten.

Die Geschichte eines jungen Wolfes, der während seiner Physikstunde unter der Bank Rotkäppchen liest und dabei plötzlich einschläft ...

– ein Märchen zur Dynamik (Fr)

„Ja Mutter, ich werde die Großmutter besuchen."
„Das ist lieb, mein Kind. Mach dich nur auf den ***s***. Es ist an der ***t***." So radelte Rotkäppchen los, und ihre besorgte Mutter rief ihr noch nach: „Überschreite nicht die ***v***, die im Wald zugelassen ist und pass auf den Wolf auf."
Das Mädchen musste beim Fahren viel ***F*** aufwenden und verrichtete dabei viel ***W***. Plötzlich traf sie auf den Wolf.
„Was willst du hier?", fragte dieser.
„Ich bringe der Großmutter ***E*** in Form von Kuchen und Wein." „Oh, dann bringe ihr doch auch ♥ in Form von Blumen und Küssen." „Ja Wolf, du hast recht."
Rotkäppchen unterbrach ihre geradlinige, gleichförmige Bewegung und pflückte Blumen. Der Wolf jedoch machte sich auf den ***s*** zur Großmutter. Er durfte dabei keine ***t*** verlieren und brauchte deshalb erstmal eine enorme ***a***, um auf die notwendige ***v*** zu kommen. Er schaffte es, rechtzeitig beim Haus der Großmutter zu sein und fraß selbige auf. Ja, er verschluckte die ganze ***m*** der Großmutter mit einem Mal und veränderte damit schlagartig seine ***ρ***. Wie er so dahinträumte, kam das Rotkäppchen vorbei. Doch sie merkte nichts von der Veränderung. Sie stellte die schon bekannten drei Fragen, und abermals veränderte der Wolf schlagartig seine ***ρ***, als er nun auch das Rotkäppchen verschluckte. Das war zu viel für einen Vormittag. Er verwandelte sich in einen starren Körper und begann fürchterlich zu schnarchen. So fand ihn der Jäger, durchschaute natürlich das ganze Geschehen und schnitt dem Bösewicht den Bauch auf. Er tauschte das ***V*** der Großmutter und des Rotkäppchens mit dem ***V*** von Steinen.
Der Wolf erwachte, hatte Durst, lief zum Brunnen und passte nicht auf. So konnte sein Schwerpunkt über den Brunnenrand rutschen und die potenzielle ***E*** verwandelte sich in kinetische ***E*** – bis der Wolf mit einem lauten Knall aus seinen Träumen geweckt wurde und tierischen Ärger bekam, weil er die Formelzeichen der physikalischen Größen immer noch nicht kannte.
Kennst du sie?

Methodischer Hinweis (vor dem Kopieren abdecken!)

Die Schüler haben für dieses Blatt etwa 5 Minuten Einlesezeit. Je nach Klassensituation ist dabei das Tafelwerk zugelassen oder nicht. (Auf die Zettel darf jedoch nicht geschrieben werden!)
Ein Schüler beginnt zu lesen – bis zum ersten Formelzeichen. Dann ruft er einen anderen Schüler auf, der weiterlesen muss usw. Bei fehlerhaftem Lesen muss der entsprechende Schüler aufstehen (das macht auch in Klasse 10 noch Spaß, aber man kann hiervon selbstverständlich auch absehen)
Das Herz bedeutet natürlich Liebe.
Ebenso kann man dieses „Märchen", so wie es dasteht, auch als Lehrer vorlesen und die Schüler müssen die physikalischen Größen zu den Formelzeichen aufschreiben.
Die Bedeutung von ***a*** als Beschleunigung ist evtl. noch unbekannt, so dass hier der Lehrer helfen muss.

Hinweis: Weitere Ideogramme finden Sie auf S. 11 (Optikrätsel).

Radioaktivität und Biologie
– ein fachübergreifendes Kammrätsel (Rö)

Sobald Sie alle Antworten eingetragen haben (Ä = AE, Ö = OE), können Sie senkrecht als **Lösungswort** den Namen eines **Messverfahrens** ablesen, das für mehrere Wissenschaftszweige von Bedeutung ist. Wozu dient es? Worauf beruht es?

1. Radioaktive Strahlen von geringer Reichweite und (deshalb) hoher biologischer Wirksamkeit, bestehen aus Heliumkernen; **2.** physikalische Größe, Maß für die biologische Strahlenwirkung; **3.** Organ, dessen Funktion mit Radioiod (I-131) untersucht werden kann; **4.** Maßeinheit für die Äquivalentdosis; **5.** Element, das bei Calciummangel in die Knochen eingebaut wird (auch sein radioaktives Isotop); **6.** Bezeichnung für instabile (= radioaktive) Atomkerne; **7.** (dimensionsloser) Erfahrungswert zur Charakterisierung der biologischen Strahlenwirkung, in Nr. 2 enthalten; **8.** den Gammastrahlen vergleichbare, aber weniger energiereiche Strahlen, finden Anwendung in der medizinischen Diagnostik; **9.** Materialkonstante mit Werten zwischen Bruchteilen von Sekunden und vielen Millionen Jahren; **10.** Veränderungen von Erbanlagen; **11.** paariges Organ, durch eingeatmetes Radon einer überdurchschnittlichen Strahlenbelastung ausgesetzt; **12.** die energiereichsten radioaktiven Strahlen, von hohem Durchdringungsvermögen, geeignet z. B. zu therapeutischen Zwecken; **13.** Grenzwert, oberhalb dessen mit Strahlenschäden zu rechnen ist; **14.** optische Darstellung mittels Radionukliden; **15.** aus Elektronen bestehende radioaktive Strahlen (entstehen bei der spontanen Umwandlung von Neutronen in Protonen); **16.** Fachausdruck für Strahlenmessgerät; **17.** Zellstadium, in dem Zellen besonders empfindlich auf radioaktive Strahlen reagieren; **18.** Maßeinheit für die Aktivität einer Strahlenquelle (bedeutet 1 Zerfall/s)

Aus: Neue Rätsel im Physikunterricht, Aulis Verlag Deubner & Co KG, Köln, 2001

Lösung und Ergänzung zum Rätsel 40:

1. Alphastr**a**hlen, 2. Aequiv**a**lentdosis, 3. Schild**d**ruese, 4. S**i**evert, 5. Str**o**ntium, 6. Radionu**k**lide, 7. Qualitaetsf**a**ktor, 8. Roentgenst**r**ahlen, 9. Hal**b**wertszeit, 10. Mutati**o**nen, 11. Lu**n**gen, 12. Gam**m**astrahlen, 13. Schwell**e**ndosis, 14. Szin**t**igramm, 15. Betastra**h**len, 16. D**o**simeter, 17. Teilungssta**d**ium, 18. Becqu**e**rel

Lösungswort: RADIOKARBONMETHODE

Das Rätsel ist lösbar, sobald den Schülern die Grundlagen der Radioaktivität bekannt sind. Die erfragten Begriffe und ihre Beschreibungen betonen den Bezug zur Biologie; Schwierigkeiten treten am ehesten bei den Fragen Nr. 5, 10 und 17 auf, wenn der Biologieunterricht hier noch nicht entsprechend weit ist. Insgesamt hat das Rätsel einen **mittleren Schwierigkeitsgrad**, es kann in **10–15 Minuten** fertig gelöst sein.

Die auf der Rätselseite stehenden Fragen zu dem als **Lösungswort** gesuchten Messverfahren (Wozu dient es? Worauf beruht es?) ziehen entsprechende Ergänzungen nach sich. Die folgenden **Anmerkungen (I)** und **Anwendungsbeispiele (II)** können dabei hilfreich sein.

Zu I:
C-14 ist ein **β-Strahler** und hat eine **Halbwertszeit** von rund **5730 a.**

Die **Erzeugung von C-14** durch (n, p)-Reaktionen langsamer Neutronen der kosmischen Strahlung mit Stickstoffatomen der oberen Atmosphäre (a) und der **β-Zerfall von C-14** (b) bilden einen **stationären Zustand**.

(a) $${}^{14}_{7}\mathrm{N} + {}^{1}_{0}\mathrm{n} \rightarrow {}^{14}_{6}\mathrm{C} + {}^{1}_{1}\mathrm{p}$$

(b) $${}^{14}_{6}\mathrm{C} \rightarrow {}^{14}_{7}\mathrm{N} + {}^{0}_{-1}\mathrm{e}$$

Der (annähernd konstante) **Gehalt von C-14** in der Atmosphäre führt **im lebenden Organismus** zu rund **230 Bq pro kg C**. Wenn der Organismus stirbt, kommt der Stoffwechsel zum Erliegen, so dass auch kein C-14 mehr aufgenommen wird. Der für den lebenden Organismus charakteristische C-14-Anteil geht ab diesem Zeitpunkt infolge radioaktiven Zerfalls zurück. Aufgrund der HWZ von C-14 eignet sich die Radiokarbonmethode zur Altersbestimmung **für bis vor rund 40.000 Jahren abgestorbene Funde**, maximal bis vor rund 50.000 Jahren abgestorbene. (Nach 10 Halbwertszeiten gilt die Strahlung eines Radionuklids als abgeklungen.)

Zur **Messgenauigkeit** der Radiokarbonmethode ist anzumerken:
- Der Gehalt an C-14 in der Atmosphäre war im Laufe der Erdgeschichte nicht völlig konstant, wodurch Abweichungen in der Altersbestimmung gegenüber der (genaueren) Dendrochronologie entstehen.
- Die massive Erzeugung von CO_2 im 20. Jahrhundert durch die Verbrennung fossiler Brennstoffe (die ärmer an C-14 sind als lebende organische Substanz) führt(e) zu einer Vergrößerung des Anteils an C-12 in der Atmosphäre; seit den 50er-Jahren ist eine Reduktion von 5 % C-14 zu beobachten.

Zu II:
Da die mathematischen Kenntnisse der Schüler meist (noch) nicht ausreichen, um Anwendungsbeispiele berechnen zu können, lässt man sie **graphisch** lösen. Dazu **zeichnen die Schüler eine Zerfallskurve** auf Karo- oder mm-Papier, an der sie dann die zu den angegebenen Aktivitätswerten gehörenden Zeiten ablesen.

Einteilung der x-Achse: 1000 Jahre = 1 cm,
y-Achse: 10 Bq = 0,5 cm (besser noch 1 cm).

Es müssen **angegeben** werden: die HWZ von C-14 (5730 a) und die Aktivität von 1 kg C lebenden organischen Materials (230 Bq/kg C).
Mit Hilfe der folgenden drei Punkte, die die Schüler aufgrund dieser Angaben möglichst selbst zusammenstellen sollen, zeichnen sie dann den exponentiellen Kurvenverlauf so exakt wie möglich; die Exaktheit, mit der sie die Kurve zeichnen, ist ausschlaggebend für die Genauigkeit der graphischen Lösungsmethode.

Nach der 1. HWZ : Punkt 1 (5.730 a / 115 Bq/kg C),
nach der 2. HWZ : Punkt 2 (11.460 a / 57,5 Bq/kg C),
nach der 3. HWZ : Punkt 3 (17.190 a / 28,8 Bq/kg C).

Ist die vorgeschlagene Vorgehensweise dem Lehrer zu zeitaufwendig, kann er seinen Schülern die Mess- und Auswertungsmethode für die folgenden Beispiele anhand der „fertigen" Graphik immerhin vorstellen.

Beispiele:

① Ein **hölzernes Fundstück** zeigt noch eine Aktivität von 150 Zerfällen pro Sekunde und kg C (150 Bq / kg C). Wann wurde der Baum, aus dessen Holz der Gegenstand gefertigt wurde, gefällt?
Ergebnis: vor ca. 3500 Jahren

② An 100 g einer Kohlenstoffprobe, die von einem **Knochenfund** einer domestizierten Hundeform aus Mesopotamien stammt, werden noch 6,5 Zerfälle pro Sekunde gemessen. Vor wieviel Jahren bzw. wann gab es dort bereits Haustierhaltung?
Ergebnis: vor rund 10.500 Jahren, also ca. 8500 Jahre v. Chr.

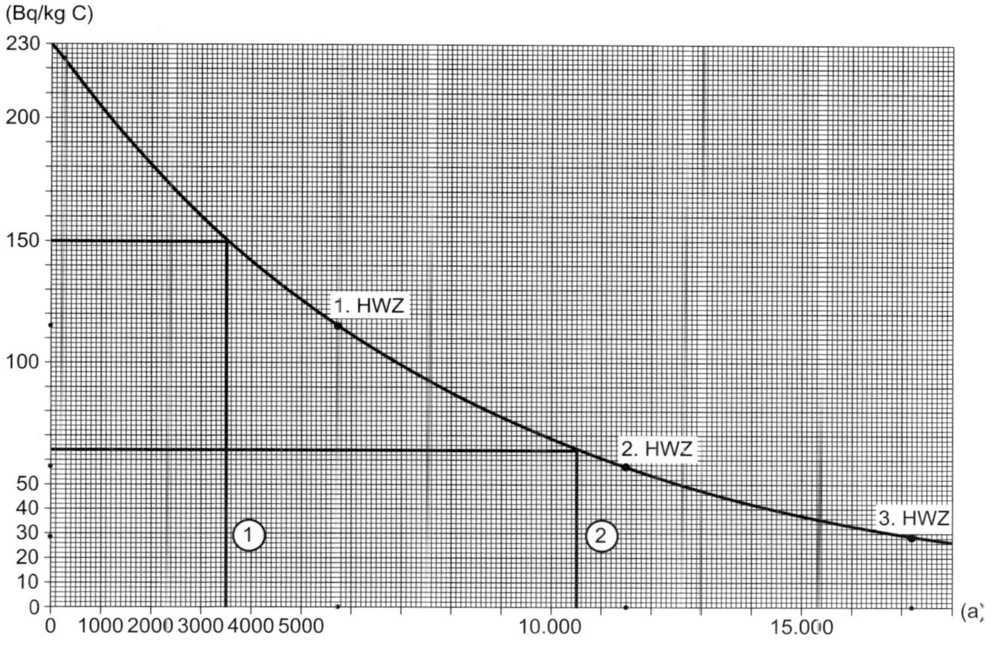

Berühmte Physiker

– ein Briefmarkenrätsel zur Geschichte der Physik (Rö)

15 „Physiker auf Briefmarken" stehen hier zur Auswahl, einige ihrer Forschungsschwerpunkte sind ebenfalls auf den Marken zu erkennen. Nach 14 dieser Physiker wird im Folgenden gefragt, der 15. Name ist das **Lösungswort** (es ergibt sich aus den eingerahmten Buchstaben).

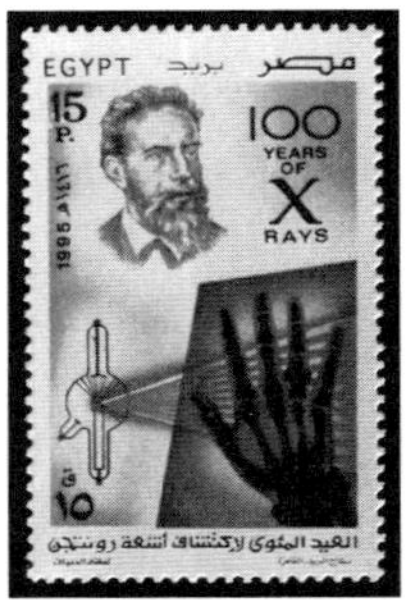

1. stromstarker Elektrodynamiker
   □ _ _ _ _ _
2. elliptischer Planetenbeweger
   _ _ _ □ _ _
3. submikroskopischer Modellbauer
   □ _ _ _
4. Heliozentriker
   _ _ _ □ _ _ _ _ _ _
5. Stromverzweiger
   _ _ □ _ _ _ _ _ _
6. X-Strahler
   _ _ _ □ _ _ _
7. radioaktiver Anfänger
   _ □ _ _ _ _ _ _ _
8. standhafter Geodynamiker
   _ _ _ □ _ _ _
9. Kernspalter
   _ _ _ □
10. elektrotechnischer Zauberer
    _ _ _ □ _ _
11. gewellter Elektromagnetiker
    _ _ _ □ _
12. Magdeburger
    _ _ □ _ _ _ _ _ _
13. Reaktorstarter
    _ _ _ _ □
14. farbenfroher Mechaniker
    □ _ _ _ _ _

Aus: Neue Rätsel im Physikunterricht, Aulis Verlag Deubner & Co KG, Köln, 2001

Lösung und Alternative zum Rätsel 41:

1. Ampère, 2. Kepler, 3. Bohr, 4. Kopernikus, 5. Kirchhoff, 6. Röntgen, 7. Becquerel, 8. Galilei, 9. Hahn, 10. Edison, 11. Hertz, 12. Guericke, 13. Fermi, 14. Newton

Lösungswort (15. Name): ALBERT EINSTEIN

Die Briefmarken sind weitgehend alphabetisch sortiert, mit Ausnahme von Röntgen und evtl. Einstein können die Namen an den Marken abgelesen werden. Die neben den Porträts dargestellten Motive geben wichtige Hinweise auf die richtigen Antworten, die vorgegebenen Buchstabenzahlen bedeuten eine wesentliche Lösungshilfe. Das Rätsel ist vom Inhalt her, insbesondere aber wegen der Art, in der die Physiker charakterisiert werden, **sehr anspruchsvoll**; das nötige Hintergrundwissen ist erst in den **Jahrgangsstufen 12/13** vorhanden. Die jeweiligen Bedeutungsinhalte der Formulierungen sollte man klären (lassen), vielleicht auch weitere Forschungsschwerpunkte benennen, denn schon aus Platzgründen kann das Rätsel nur punktuelle Angaben enthalten. Kollegen, die sich mit den **vom üblichen Stil abweichenden Formulierungen** nicht anfreunden können oder sie für ihre Schüler als nicht geeignet erachten, können das folgende Rechteck (mit den „klassisch" formulierten Fragen) ausschneiden und mit ihm die eher „verzwickt" formulierten vor dem Kopieren überdecken.

Das Rätsel ist für **letzte Stunden vor Ferienbeginn** gedacht, kann aber auch gut als **Hausaufgabe** aufgegeben werden. Eine Zusatzaufgabe könnte darin bestehen, die Forscher nach Geburtsdaten zu sortieren (hierzu müssen die auf den Briefmarken vorhandenen Angaben ergänzt werden); es ergeben sich epochal bedingte Forschungsschwerpunkte.

1. Wer entdeckte die Wechselwirkung zwischen stromdurchflossenen Leitern? ☐ _ _ _ _ _
2. Wer stellte drei Gesetze über die Bewegung der Planeten auf? _ _ _ ☐ _ _
3. Wer entwickelte auf der Basis des Rutherfordschen Atommodells das Schalenmodell? ☐ _ _ _
4. Wer begründete das heliozentrische Weltbild? _ _ _ ☐ _ _ _ _ _ _
5. Wer fand die Gesetze des verzweigten Stromkreises? _ _ ☐ _ _ _ _ _ _
6. Wer erhielt den 1. Physik-Nobelpreis für die Entdeckung neuartiger Strahlen? _ _ _ ☐ _ _ _
7. Wer beobachtete die Schwärzung von Fotoplatten durch Uransalze? _ ☐ _ _ _ _ _ _ _
8. Wer bewies, dass sich die Erde um die Sonne dreht? _ _ _ ☐ _ _ _
9. Wer führte 1938 die erste Atomkernspaltung durch? _ _ _ ☐
10. Wer wurde wegen seiner zahlreichen elektrotechnischen Erfindungen „Zauberer von Menlo Park" genannt? _ _ _ ☐ _ _
11. Wer untersuchte die Eigenschaften elektromagnetischer Wellen? _ _ _ ☐ _
12. Wer stellte Forschungen über den Luftdruck und den luftleeren Raum an? _ _ ☐ _ _ _ _ _
13. Wer setzte die erste Kettenreaktion in einem Kernreaktor in Gang? _ _ _ _ ☐
14. Wer fand mehrere grundlegende Gesetze der Mechanik und erkannte, dass das Tageslicht eine Mischfarbe ist? ☐ _ _ _ _ _

Nicht alles ist relativ
– 15 Antworten nach Albert Einstein (Fr)

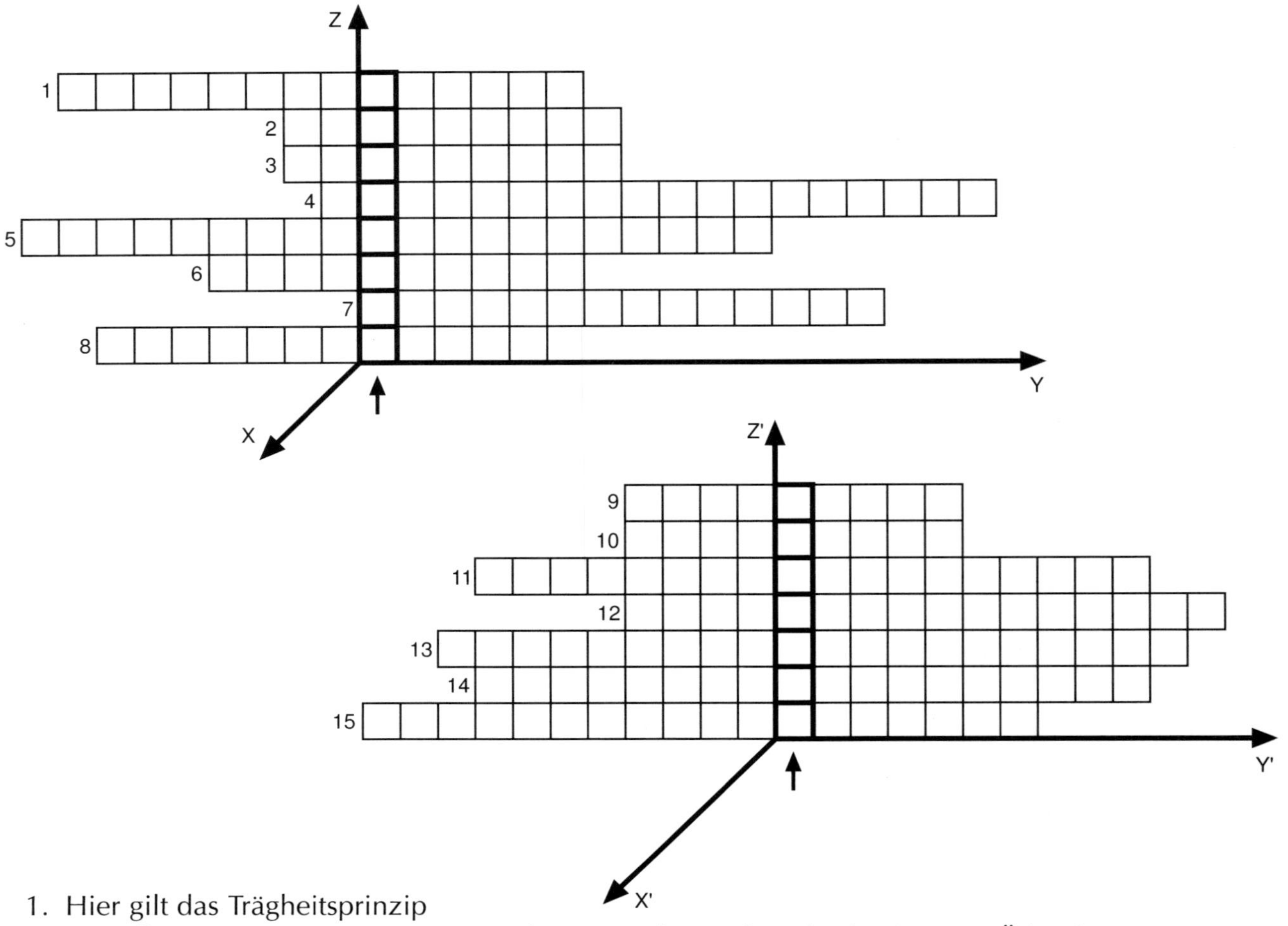

1. Hier gilt das Trägheitsprinzip
2. Er wollte mit seinem Experiment nachweisen, dass sich Licht durch einen Äther bewegt
3. Beschreibt eine Eigenschaft von Körpern, die sich nicht bewegen
4. Hier wird der unterschiedliche Alterungsprozess von Geschwistern mit gleichem Geburtsdatum beschrieben
5. Postulat, das besagt, dass die Naturgesetze in allen Inertialsystemen die gleiche Form haben
6. Unveränderliche Größe
7. Bezeichnung für das Phänomen, dass bewegte Uhren langsamer gehen
8. Verlust, der durch $E = mc^2$ beschrieben wird
9. Weg-Zeit-Graph im Raum-Zeit-Diagramm
10. Deutscher Mathematiker, der eine besondere Art von Raum-Zeit-Diagrammen als erster anwandte
11. Versuch, der nur im Kopf durchgeführt wird
12. Nicht zu unterschiedlichen Zeiten
13. Sie hat in allen Inertialsytemen im Vakuum den gleichen Wert
14. Besagt, dass die schwere Masse und die träge Masse gleich groß sind
15. Bezeichnung für das Phänomen, dass bewegte Längen kürzer sind

Lösungsbegriff: Sehr viel dunkles Nichts!

Aus: Neue Rätsel im Physikunterricht, Aulis Verlag Deubner & Co KG, Köln, 2001

Lösung zum Rätsel 42:

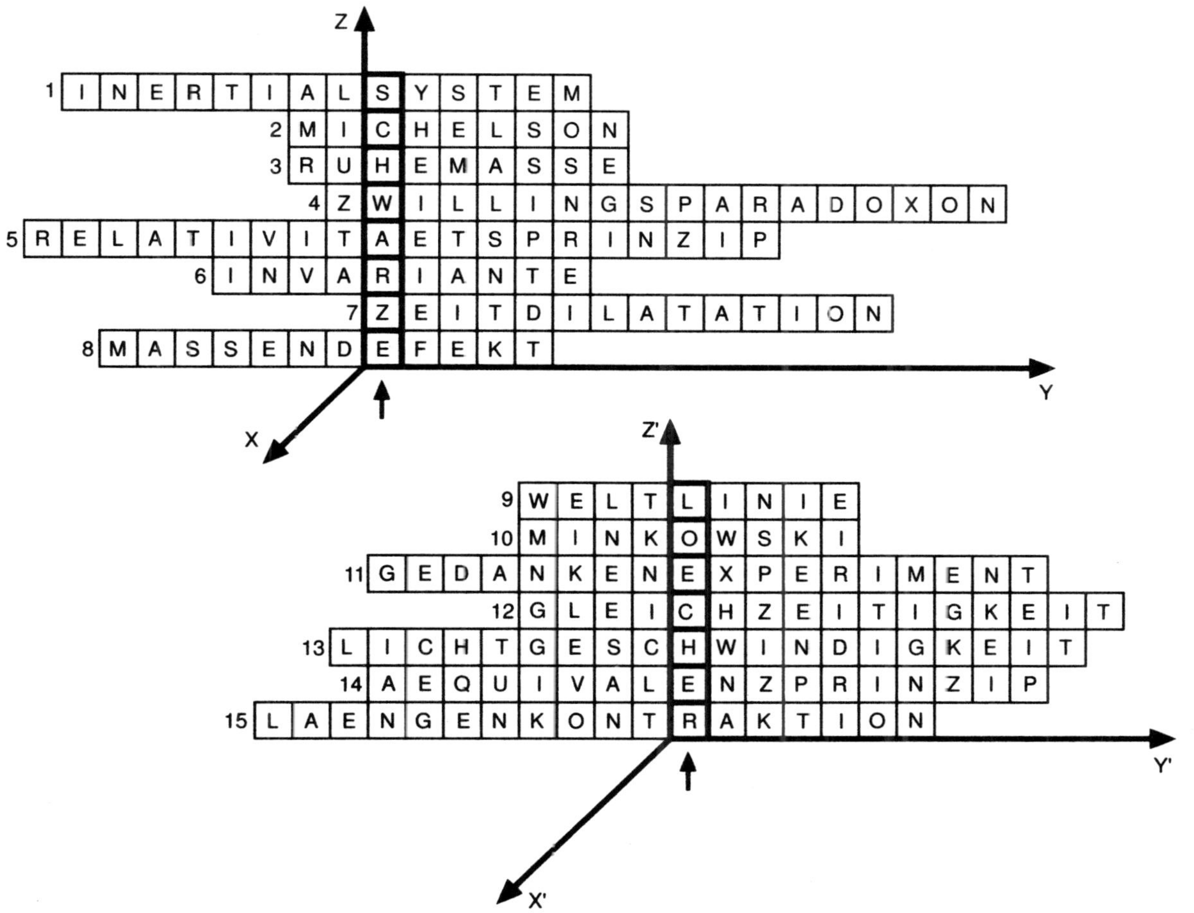

1. Hier gilt das Trägheitsprinzip
2. Er wollte mit seinem Experiment nachweisen, dass sich Licht durch einen Äther bewegt
3. Beschreibt eine Eigenschaft von Körpern, die sich nicht bewegen
4. Hier wird der unterschiedliche Alterungsprozess von Geschwistern mit gleichem Geburtsdatum beschrieben
5. Postulat, das besagt, dass die Naturgesetze in allen Inertialsystemen die gleiche Form haben
6. Unveränderliche Größe
7. Bezeichnung für das Phänomen, dass bewegte Uhren langsamer gehen
8. Verlust, der durch $E = mc^2$ beschrieben wird
9. Weg-Zeit-Graph im Raum-Zeit-Diagramm
10. Deutscher Mathematiker, der eine besondere Art von Raum-Zeit-Diagrammen als erster anwandte
11. Versuch, der nur im Kopf durchgeführt wird
12. Nicht zu unterschiedlichen Zeiten
13. Sie hat in allen Inertialsytemen im Vakuum den gleichen Wert
14. Besagt, dass die schwere Masse und die träge Masse gleich groß sind
15. Bezeichnung für das Phänomen, dass bewegte Längen kürzer sind

Lösungsbegriff: SCHWARZE LOECHER

Um die Ecke gedacht
– ein Silbenrätsel zu physikalischen Begriffen (Fr)

Silben

ak – brech – di – ef – fekt – feld – fla – for – ge – gleich – gra – ions – ker – kurz – lei – lin – ma – mes – mo – nel – o – phy – quan – ra – rich – schen – schluss – se – sel – ser – setz – si – strom – strom – tat – tät – ten – ter – ter – ti – tor – tor – trans – tun – ungs – vi – vi – wech – zug

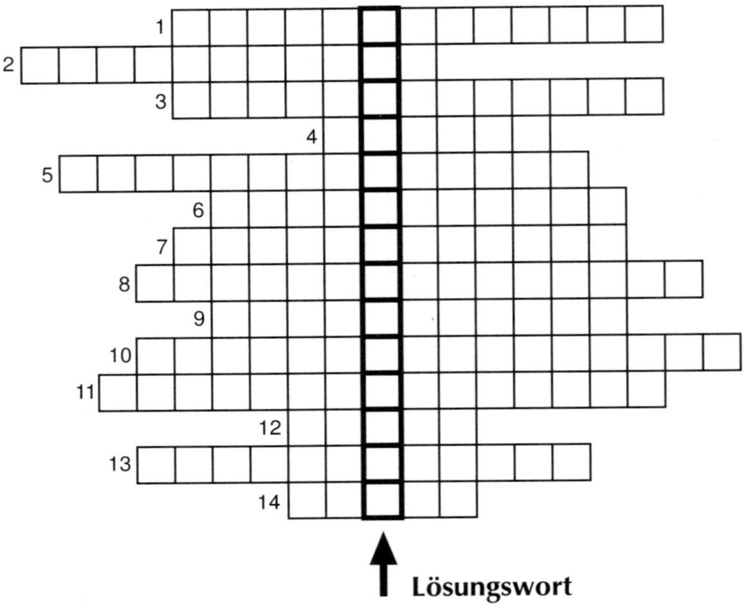

Wer mit dem **Lösungswort** sein Pferd beschlägt, kann sich beim Reiten nicht auf den Kompass verlassen.

1. Vorsitzender des hohen Gerichts, der sofort seine Urteilssprüche fällt
2. Transportmittel aus Trinkbehältern
3. Eingang zum Spannungsumformer
4. Nichtisolator, mit dem man Höhenunterschiede überwinden kann
5. Betriebsamkeit, die der Nachrichtenübermittlung dient
6. Kein lang(es) Ende
7. Großes gefährliches fließendes Gewässer, das hohe und tiefe Wellen hat
8. Naturwissenschaftler, der sich mit winzig kleinen Füßen beschäftigt
9. Teil des Essbestecks, mit dem noch niemand Fleisch geschnitten hat
10. Landwirtschaftliche Nutzfläche, auf der die Massenanziehung wächst
11. Wer es bricht, muss nicht verurteilt werden, sondern braucht einen Crashkurs in Physik
12. Optisches Gerät, das man nicht essen kann
13. Und man kann doch durch Wände gehen, zumindest wenn man ganz ganz ganz klein ist
14. Dieses technische Gerät hat Schuhe an und kann doch nicht zum Nordpol oder Südpol wandern

Aus: Neue Rätsel im Physikunterricht, Aulis Verlag Deubner & Co KG, Köln, 2001

Sicherlich kennen Sie das Teekesselspiel, bei dem man einen Begriff erraten muss, der mindestens zwei unterschiedliche Bedeutungen hat. (z. B. Blatt: 1. worauf man schreibt und 2. Teil der Pflanze).

Es gibt nun auch in der Physik viele Begriffe, die auch „umgangssprachlich" verwendet werden (z. B. GleichRICHTER oder LEITER). Solche Wörter sind hier zu erraten.

Eingesetzt werden kann dieses Rätsel sicher erst zum Ende des Physikkurses in der Sekundarstufe II – etwa in letzten Stunden vor den Ferien. – Die „eigentlichen" Definitionen sollten ebenfalls (von den Schülern) benannt werden!

Lösungen zum Rätsel 43:

1. GLEICHRICHTER
2. FLASCHENZUG
3. TRANSFORMATOR
4. LEITER
5. RADIOAKTIVITÄT
6. KURZSCHLUSS
7. WECHSELSTROM
8. QUANTENPHYSIKER
9. STROMMESSER
10. GRAVITATIONSFELD
11. BRECHUNGSGESETZ
12. LINSE
13. TUNNELEFFEKT
14. MOTOR (Polschuhe)

Lösungswort: HUFEISENMAGNET

Wanted
– ein Rätsel zur Identifizierung bedeutender Physiker (Fr)

Gesucht werden 12 bekannte Physiker:

Starker Physiker

1	4				

Widersacher von Peter Pan, der an mancher Feder zieht und damit Gesetze bestätigt

18				

Relativ langsamer und relativ bekannter Physiker

	9		10		16		

Gewärmter, adliger Physiker

		5		20	

Steckbriefe

Spannender Physiker

11				

Physiker, der im Käfig sitzt, wo er keine Angst vor Gewitter haben muss

		7		14		

Physiker, der sich auf Ellipsenbahnen bewegt und in gleichen Zeiten gleiche Flächen überschreitet

		6			13

Physiker, der jedem einen Widerstand entgegen setzt

2		

„Jaulender" Physiker mit viel Energie

				12

Physiker, der über die Leistung wacht

	15		19

Physiker, der mit dem Fernrohr die Inquisition ins Spiel bringt

21					8	

Aktiver Uransalz-Beobachter

3		17						

Lösungswort:

1	2	3	4	5	6	7	8	9	10	–			
			11	12	13	14	15	16	17	18	19	20	21

Aus: Neue Rätsel im Physikunterricht, Aulis Verlag Deubner & Co KG, Köln, 2001

Um dieses Rätsel lösen zu können, muss man „um die Ecke" denken können. Man benötigt sicher die Kenntnisse aus dem Stoff der Sek II und etwas Allgemeinwissen.

Denkschritte zur Lösung:

1. Reihe:
stark – Kraft – Newton
Peter Pan – Käpten Hook – Hookesches Gesetz – Hooke
relativ – Relativitätstheorie – Einstein
Wärme – Temperatur – Kelvin (war Lord)

2. Reihe:
spannender – Spannung – Volta
Gewitter und Käfig – Faradayscher Käfig – Faraday
hier ist das Keplersche Gesetz umschrieben – Kepler
Widerstand – Ohm

3. Reihe:
jaulender – Joule (Einheit der Energie)
Leistung – Watt (Einheit)
Inquisition – Fernrohr – Galilei
aktiv – Uransalz – Becquerel (Entdecker der Radioaktivität)

Lösungswort:

1	2	3	4	5	6	7	8	9	10				
N	O	B	E	L	P	R	E	I	S	–			
			11	12	13	14	15	16	17	18	19	20	21
			V	E	R	D	A	E	C	H	T	I	G

Die Schüler brauchen 5 bis 10 Minuten zum Lösen des Rätsels.
Nutzen kann man dieses Rätsel z. B., wenn ein Kurzvortrag über einen Physiker und sein physikalisches Werk aufgegeben wurde oder man eine Vertretungsstunde nutzen möchte, um über die Nobelpreise für Naturwissenschaftler zu diskutieren (Was ist heute noch in der Physik zu erforschen? Welche Fähigkeiten muss man haben, um Physiker zu sein? ...)
Man kann auch gemeinsam mit den Schülern eine Übersicht über die Geschichte der Physik erstellen ...

Kerntechnik
– eine Rätselspirale zur Radioaktivität (Rö)

Tragen Sie die gesuchten Begriffe der Reihe nach ein; dabei ist der letzte Buchstabe eines Begriffes *zugleich* der erste Buchstabe des nächsten Bgriffes. Wenn Sie die eingekreisten Buchstaben herausschreiben und richtig sortieren, erhalten Sie das **Lösungswort** – es kann sehr kurz oder auch sehr lang sein !!??!!

1. Englischer Physiker (1891–1974), entdeckte 1932 das Neutron beim Beschuss von Berylliumatomen mit α-Teilchen, erhielt 1935 den Nobelpreis für Physik
2. Wärmekraftwerk, das mit U-235 als Brennstoff betrieben wird
3. Gegenteil von Kernspaltung, setzt noch größere Energiemengen frei, wird im Hochtemperaturreaktor versucht zu nutzen; läuft in der Sonne ab, wobei sich aus Wasserstoff Helium bildet
4. Begriff aus der Reaktorsicherheit, Abkürzung für „größter anzunehmender Unfall"
5. Verbindung, in der das in den Tabletten der Brennstäbe enthaltene spaltbare Material vorliegt
6. allgemeine Bezeichnung für Strahlenmessgeräte, z. B. Geiger-Müller-Zähler, Szintillationszähler oder mit entsprechendem Filmmaterial versehene kleine Kassetten
7. englischer Physiker (1871–1937), klärte das Wesen der Radioaktivität auf und erhielt 1908 den Nobelpreis für Chemie; erzielte 1919 durch Beschuss von Stickstoffatomen mit α-Teilchen die erste künstliche Elementumwandlung
8. der am weitestens verbreitete Reaktortyp, hat zwei getrennte Wasserkreisläufe, was sicherheitstechnisch von großer Bedeutung ist
9. Verfahren zur Altersbestimmung (bis zu maximal 50.000 Jahre alter) biogener Substanzen, beispielsweise Knochenfunden und Holzgegenständen, mittels der β-Strahlung von C-14
10. Problem, das für hochradioaktive Abfälle weltweit noch nicht gelöst ist
11. radioaktive, kurzwellige (= energiereiche) elektromagnetische Strahlen von hohem Durchdringungsvermögen und breitem Anwendungsspektrum
12. Elementarteilchen, die in Kernreaktoren je nach Geschwindigkeit entweder U-235 spalten oder U-238 in (spaltbares) Plutonium umwandeln
13. Alkalimetall, wird in geschmolzenem Zustand als Kühlmittel von Brutreaktoren verwendet (auch, weil Wasser wegen seiner auf Neutronen ausgeübten Bremswirkung hier nicht in Frage kommt)
14. Fachausdruck für den Materieschwund von 1 ‰ bis 1 %, welcher gemäß $E = m \cdot c^2$ genau der Energiemenge äquivalent ist, die bei Kernspaltungen bzw. Kernverschmelzungen freigesetzt wird
15. überschwerer Wasserstoff, Symbol T (Atomkern enthält 1 Proton und 2 Neutronen)
16. allgemeine Bezeichnung für Bremsmaterial
17. ein- und ausfahrbare Teile des Kernreaktors, die Absorptionsmaterial für Neutronen enthalten (z. B. Bor oder Cadmium) und dadurch die Fähigkeit besitzen, das Ausmaß der ablaufenden Kettenreaktion zu beeinflussen (Ä = AE)
18. Ort der endgültigen Aufbewahrung leicht- und mittelradioaktiven Abfalls, z. B. in tief liegenden geologischen Formationen wie Salzstöcken
19. Fachausdruck für eine instabile (= radioaktive) Atomart
20. englischer Name für die Tabletten mit dem Kernbrennstoff (die derart in die Brennstäbe gefüllt werden, dass noch Raum für die entstehenden radioaktiven Spaltgase bleibt)
21. Wert, unterhalb dessen keine eindeutig auf radioaktive Bestrahlung zurückzuführende Schäden im Organismus auftreten, liegt für den Menschen (im Falle einer Ganzkörperbestrahlung) bei 0,25 Sv
22. Maßeinheit für die Äquivalentdosis
23. Bezeichnung für alle Elemente, deren Kernladungszahl größer als die von Uran (92) ist, werden künstlich hergestellt, sind radioaktiv

Aus: Neue Rätsel im Physikunterricht, Aulis Verlag Deubner & Co KG, Köln, 2001

Lösung und Erläuterung zum Rätsel 45:

1. Chadwick, 2. Kernkraftwerk, 3. Kernverschmelzung, 4. GAU, 5. Urandioxid, 6. Dosimeter, 7. Rutherford, 8. Druckwasserreaktor, 9. Radiokarbonmethode, 10. Entsorgung, 11. Gammastrahlen, 12. Neutronen, 13. Natrium, 14. Massendefekt, 15. Tritium, 16. Moderator, 17. Regelstaebe, 18. Endlager, 19. Radioisotop, 20. Pellets, 21. Schwellendosis, 22. Sievert, 23. Transurane

Die eingekreisten Buchstaben sind (der Reihe nach): A Z I H S B T L T R E W E
Das Lösungswort lautet: HALBWERTSZEIT

Die Fragen der Rätselspirale haben **Praxisbezug** und richten sich, obwohl keine allzu speziellen Einzelheiten erfragt werden, eher an **Fortgeschrittene** als an Anfänger. Schwerpunktmäßg geht es um unterschiedliche Bereiche der Kerntechnik, insbesondere den Bau von Kernreaktoren und den Brennstoffkreislauf. Die Umschreibungen der gesuchten Begriffe gehen über den notwendigen Umfang von Fragen hinaus und liefern den Schülern dadurch zusätzliche Informationen. Die zum Lösen zur Verfügung gestellte Zeit sollte daher nicht zu knapp bemessen werden; **mindestens 20 Minuten** sind zum gründlichen Durchlesen und Beantworten der Fragen erforderlich, etwas mehr Zeit wäre wünschenswert. Die vorgegebenen Anfangs- bzw. Endbuchstaben erleichtern das Lösen ungemein; trotzdem wird der Lehrer vermutlich bei der Beantwortung der Fragen Nr. 1, 5, 13 und 20 helfen müssen. Dass das **Lösungswort** „sehr kurz oder auch sehr lang" sein kann, wie es in der Einleitung auf der Schülerseite heißt, zeigen z. B. folgende **Halbwertszeiten**:

U-238 : 4.470.000.000 a	C-14 : 5.730 a	Rn-222 : 3,8 d
U-235 : 704.000.000 a	H-3 : 12,3 a	Po-214 : 0,00016 s

Weitere Anmerkungen zum Lösungswort:
Man unterscheidet **mehrere Halbwertszeiten**, was (etwa aus medizinischer Sicht) von eminenter Bedeutung ist, in den Physikbüchern aber nicht erwähnt wird. Zum Zwecke klarer Begriffsbildung und -abgrenzung könnten sich die Schüler daher z. B. folgende Definitionen notieren, jedenfalls merken:

- Die **physikalische HWZ** ist die Zeit, in der die Hälfte einer (beliebigen) Anzahl radioaktiver Atome **zerfallen** ist.
- Die **biologische HWZ** ist die Zeit, in der sich in einem Organismus die Konzentration eines Stoffes durch **Stoffwechselvorgänge** um die Hälfte verringert.
- Die **effektive HWZ** ist die Zeit, in der in einem biologischen System die jeweilige Menge eines inkorporierten Radioisotops um die Hälfte zurückgeht. Sie beruht auf dem **Zusammenwirken** von radioaktivem Zerfall und biologischen (Ausscheidungs)prozessen.

Beispiele (Werte aus: Lexikon zur Kernenergie; Kernforschungszentrum Karlsruhe, 1990):

Radionuklid	t (phys)	t (biol)*	t (eff)
I-131	8 d	120 d	7,5 d
Cs-134	2,1 a	110 d	96 d
Cs-137	30,2 a	110 d	109 d

* für erwachsene Personen

Faustregel: t (eff) liegt stets unter dem niedrigeren der beiden Werte – und zwar um so näher bei diesem, je stärker sich t (phys) und t (biol) unterscheiden.

Mathematischer Zusamenhang zwischen den drei Halbwertszeiten:

$$\frac{0{,}69}{t\,(\text{eff})} = \frac{0{,}69}{t\,(\text{phys})} + \frac{0{,}69}{t\,(\text{biol})}$$

Die Quotienten bedeuten Zerfallskonstanten bzw. Verweilkonstanten.

Aus dieser Gleichung ergibt sich für die effektive Halbwertszeit:

$$t\,(\text{eff}) = \frac{t\,(\text{phys}) \cdot t\,(\text{biol})}{t\,(\text{phys}) + t\,(\text{biol})}$$

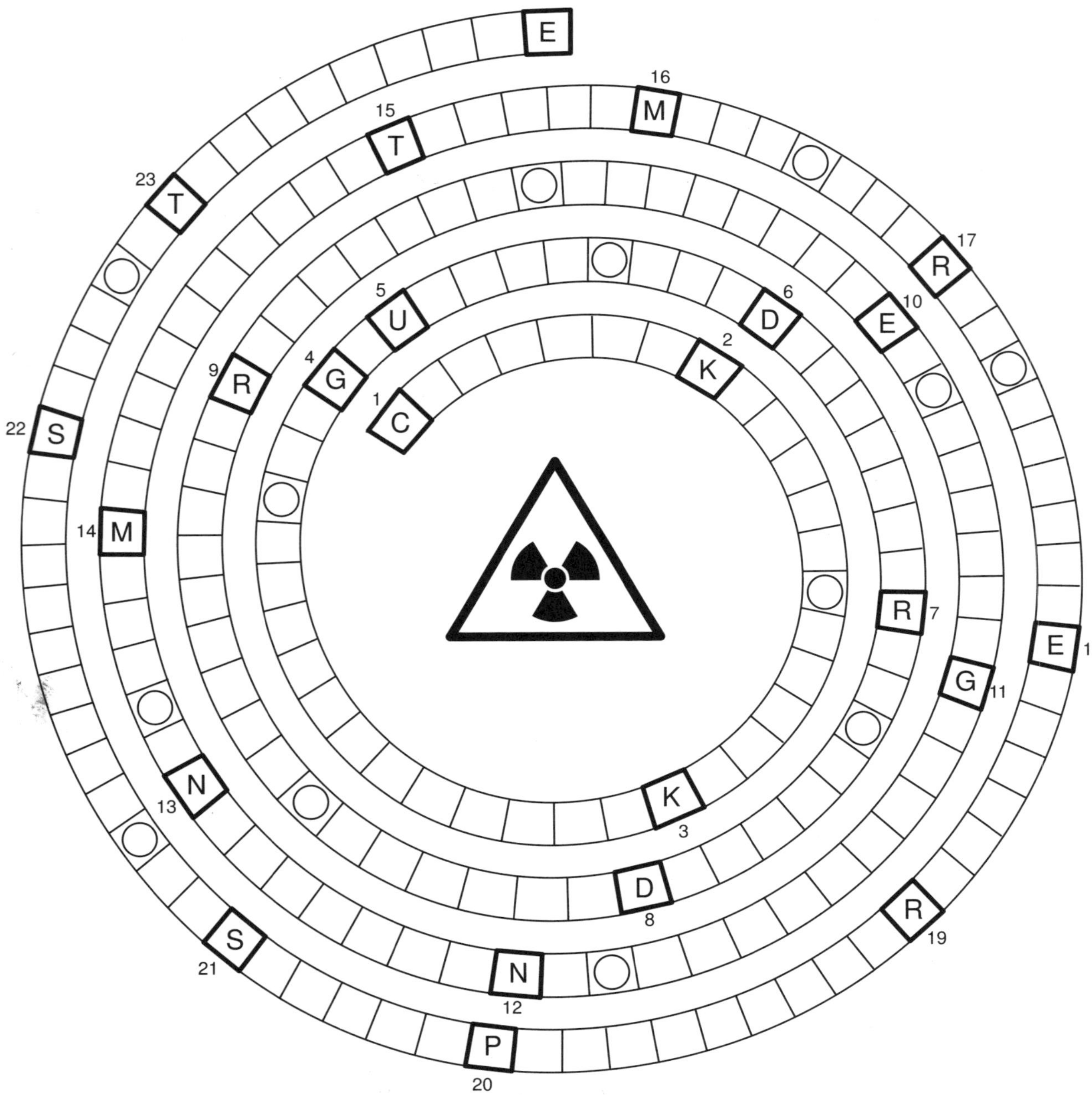

Die eingekreisten Buchstaben sind (der Reihe nach):

◯ ◯ ◯ ◯ ◯ ◯ ◯ ◯ ◯ ◯ ◯ ◯ ◯

Das Lösungswort lautet:

◯-◯-◯-◯-◯-◯-◯-◯-◯-◯-◯-◯-◯